Meinen Eltern Irma und Martin,
denen ich meine Naturliebe verdanke

Peter Wohlleben

Naturschutz ohne Natur

VORWORT

Wir befinden uns in den endlosen Weiten des Amazonas-Regenwaldes. Dampfende Nebel steigen im gleißenden Sonnenlicht aus der grünen Hölle auf, die Luft ist erfüllt vom Gezeter der Papageien. So weit das Auge reicht, ist Wald, nur hier und da unterbrochen von träge sich dahinwindenden Flüssen. Machen wir einen kleinen Zeitsprung in die Zukunft und schauen uns die Gegend 50 Jahre später an: Viehweiden und Zuckerrohrplantagen haben den Regenwald verdrängt. Gnadenlos brennt die Sonne auf den ausgedörrten Boden. Außer dem Sirren von Zikaden ist kaum ein Laut zu hören. Aus der grünen Hölle von einst ist eine menschlich verursachte Steppe geworden, hier und da nur garniert mit halb vertrockneten Sträuchern. Beim Umsehen bleibt der Blick an einem großen Schild hängen: »Willkommen im Naturschutzgebiet Amazonasweiden!«

Die Situation erscheint so bizarr, dass ich Sie lieber mit zurück in die Gegenwart nehme. Wir landen in der Lüneburger Heide, einem Naturschutzgebiet in Deutschland. Heidekraut, Wacholder und Magerwiesen bestimmen das Bild. Sehr idyllisch, wie ein Schäfer mit seiner Herde dort zwischen den lila gefärbten Hügeln umherzieht Erinnerungen an alte Heimatfilme werden wach. Doch wie am Amazonas hat dies alles nichts mehr mit Natur zu tun. Ursprünglich stand hier Buchenurwald, und selbst wenn er könnte, wird er nicht mehr zurückkehren dürfen. Denn geschützt wird hier die menschlich verursachte Steppe. Willkommen in der Realität des modernen Naturschutzes! Sicher ist es bitter für den einen oder anderen ehrenamtlichen Naturfreund, wenn er die folgenden Kapitel liest. Zweifellos haben Umweltschützer auch beachtliche Erfolge im Kampf gegen Artenverarmung und Landschaftszerstörung erzielt. Dennoch – ein vorbehaltloses Überdenken der bisherigen Strategien ist dringend notwendig. Das Beispiel am Anfang dieses Kapitels verdeutlicht es: Würde die ganze Welt ihre grünen Schätze so sichern, wie wir es in Mitteleuropa machen, so wäre alle ursprüngliche Natur dahin. Geschützt würde dann eine artenarme Kulturlandschaft, die nur noch die Illusion von Unberührtheit und Harmonie vermittelt. Ich halte den Zeitpunkt für gekommen, die Anforderungen deutlich zu erhöhen.

I. BUNTES TREIBEN

Schwierigkeiten

Fangen wir ohne Umschweife mit einer der größten Schwierigkeiten an, nämlich mit der Frage: Was ist Natur eigentlich? Sind es unberührte tropische Wälder oder abgelegene Gebirge, deren Gipfel nie ein Mensch bestieg? Was ist mit blühenden Almwiesen in den Alpen, über die schlammfarbene Kühe mit Glocken um die Hälse ziehen? Zählen auch verlassene Tagebaue dazu, auf deren Grund sich Wasser angesammelt hat und wo nun Frösche lautstark quaken? Wahrscheinlich gibt es fast so viele Definitionen wie Naturliebhaber. Eine ebenso einfache wie gängige lautet: Natur ist das Gegenteil von Kultur, also all das, was der Mensch nicht geschaffen oder verändert hat. Diese Formulierung steckt die Grenzen von Natur sehr hart und klar ab. Andere Auffassungen sehen den Menschen als Bestandteil der Natur und damit auch seine Aktivitäten. Natur und Kultur sind demnach nicht sauber zu trennen. Genau das ist das Problem des modernen Naturschutzes: Was ist denn nun wirklich schützenswert, und was gilt als Bedrohung oder gar Zerstörung? Vor Ort eine scheinbar nicht klar zu beantwortende Frage. Sobald der Blick jedoch in die Ferne schweift, sieht die Lage ganz anders aus. Natürlich sollen am Amazonas die Regenwälder in möglichst unberührtem Zustand erhalten bleiben. Auch die Antarktis, völkerrechtlich keinem Staat zugehörig, bleibt bitte schön unangetastet. Die gleiche Einstellung finden

Sie für alle Gebiete, ob Korallenriffe in Australien oder Urwälder auf Kamtschatka. Im eigenen Umfeld hat dann die
butterweiche Regel zu gelten, dass auch die Kulturlandschaft unter besonderen Umständen schutzwürdig wird.
Vor allem dann, wenn die ursprüngliche Natur schon kom-
plett verschwunden ist. Ich finde, wir sollten ehrlicher-
weise bei der ersten Definition bleiben. Sie ist viel besser
geeignet, Maßnahmen zum Erhalt oder zur Wiederher-
stellung ursprünglicher Lebensräume auf ihren Sinn hin
zu überprüfen. Genau dazu möchte ich Sie auf den folgenden Seiten einladen.

Pferde im Ijsselmeer

Die Niederlande sind ein relativ kleiner Staat, der sich
schon vor vielen Jahrhunderten von seinen natürlichen
Moorgebieten und Urwäldern verabschiedet hat. Der Name
Holland, der im deutschsprachigen Raum häufig synonym
für die Niederlande verwendet wird, leitet sich übrigens
von Holzland beziehungsweise Waldland ab. Die vielen
alten Windmühlen, heute touristische Attraktivitäten, dienten in vergangenen Zeiten neben dem Mahlen von Getreide auch dazu, Wasser aus Feuchtgebieten abzupum-
pen. Das ist bis zum heutigen Tage dringend nötig, da
rund ein Viertel der Landesfläche tiefer als der Meeres-
spiegel liegt. Mittlerweile wird diese Aufgabe aber von modernen Pumpwerken übernommen. Ein Teil der Landfläche
wurde durch Eindeichungen gewonnen. Dazu trennte man
flache Meeresarme mit Dämmen ab und entwässerte sie.
Der trockengefallene Meeresboden konnte dann für Landwirtschaft und Städtebau verwendet werden, ein Verfahren, das bis heute praktiziert wird.

Auch das Ijsselmeer war einst ein solcher Meeresarm. Ein 29 Kilometer langer Damm, 1932 gebaut, schloss über 3000 Quadratkilometer der ehemaligen Zuiderzee ein. Anschließend wurden Teile davon trockengelegt. Der südliche Teil des neuen Landes lag aber so tief, dass eine weitere Trockenlegung zu aufwendig gewesen wäre. Er wurde später aufgegeben und entwickelte sich zu einem bedeutsamen Feuchtgebiet für Vögel. Aus Sicht von Umweltverbänden eine Konstellation, die ideal im Sinne ihres Naturverständnisses war. Dieser Zustand spärlich bewachsener Feuchtflächen hielt aber nicht lange an. Denn Natur ist alles, nur eines nicht: statisch. Stillstand und Atempause sind Begriffe, die in ihrem Repertoire nicht vorkommen. Und so entwickelte sich die Fläche munter in eine ganz andere Richtung. Von den 56 Quadratkilometern des neuen Schutzgebietes Oostvaardersplassen waren 20 so trocken, dass Sträucher und Bäume rasch Fuß fassen konnten. Das ist in Mitteleuropa für brachliegende Flächen ein ganz normaler Vorgang; schließlich herrschen hier für bestimmte Laubbäume wie Buchen, Eichen oder Weiden ideale Klimabedingungen. Den Umweltschützern gefiel das gar nicht, da viele der seltenen Vogelarten, die sich hier angesiedelt hatten, auf offene Feuchtgebiete und Steppen angewiesen sind. Die Sträucher und Bäume mussten also weg. Das Entfernen mit der Motorsäge kam aus zwei Gründen nicht infrage: Zum einen wäre es sehr teuer gewesen und hätte einer Sisyphusarbeit geglichen, da die Bäume in kurzer Zeit wieder nachgewachsen wären. Zum anderen wollte man ja natürliche Abläufe zulassen, und das hätte sich nicht mit ständigen Eingriffen vertragen. Der Ausweg: Man setzte Rothirsche aus, deren Appetit auf Knospen und Blätter die holzige Vegetation eindämmen sollte. Später kamen noch Rinder und Pferde hinzu. Hier entschied man sich für urtümliche Rassen, um robuste und möglichst authentische Tiere in der Landschaft anzusiedeln. Bei den Pferden wählte man aus Polen importierte Koniks. Sie sollen vom Tarpan, dem europäischen Wildpferd, abstammen und noch einen beträchtlichen Teil dessen genetischen Erbes besitzen. Die ausgesetzten Heckrinder komplettierten das Modell, welches man in die Landschaft setzen wollte: Alle großen Pflanzenfresser, die es vor der Ausrottung von Wildpferd und Wildrind in Europa gegeben hatte, waren stellvertretend wieder vereint. Hirsche, Koniks und Heckrinder besorgten die ihnen zugedachte Aufgabe so gründlich, dass nur hier und da noch mit der Motorsäge nachgeholfen werden musste. Heute präsentiert sich Oostvaardersplassen als eines der wichtigsten europäischen Feuchtgebiete.

Wagen wir uns an die erste Bewertung. Wenn Natur das Gegenteil von Kultur bedeutet, kann hier keine »neue« Natur entstanden sein. Ganz im Gegenteil, natürliche Prozesse werden in diesem Schutzgebiet rigoros unterbunden, da sie menschlichen Zielen zuwiderlaufen. Das ist per se noch nichts Schlechtes, schließlich geht es hier um den Schutz bedrohter Vogelarten. Doch diese sind nur gefährdet, weil ihr ursprünglicher Lebensraum, die Moore und Feuchtgebiete der Küsten, schon vor langer Zeit trockengelegt und kultiviert wurden. Naturschutz hieße in diesem Falle also Schutz der alten Feuchtgebiete. Oostvaardersplassen ist aber ehemaliger Meeresgrund, für dessen Trockenlegung wiederum zahlreiche Meeresarten weichen mussten. Und da diese neue Landfläche bis auf Weiteres keine Ruhe findet, kann man selbst mit gutem Willen nicht von einem Naturgebiet sprechen. Vogelschutzgebiet wäre die richtige Bezeichnung, denn auf den Schutz gefiederter Arten sind hier alle Bemühungen ausgerichtet.

Zugegeben, das klingt ein wenig pedantisch. Es ist jedoch wichtig, ein Bewusstsein dafür zu entwickeln, dass man auf Spaziergängen durch solche Landschaften keine Natur, sondern eine mühevoll aufgebaute Arche Noah erlebt. Gäbe es dieses Bewusstsein nicht, ließe sich die Öffentlichkeit von zahlreichen Projekten dieser Art möglicherweise so weit betören, dass sie schließlich von der Rückkehr der Natur auf breiter Front überzeugt wäre. Die Dringlichkeit von viel weitergehenden Schutzmaßnahmen würde dann nicht mehr erkannt. Oder existiert dieser Zustand schon?

Brandrodung am Rhein

Der Rhein fließt in seinem Mittellauf durch eine besondere Landschaft. Bei Bingen verlässt er das bis dahin breite Tal und gräbt sich durch ein Gebirge, wodurch das Flussbett schmal und die Ufer steil werden. Aufgrund der strudelnden Stromschnellen, hervorgerufen durch Felspartien unter Wasser, hat der Rhein hier eine besondere Berühmtheit erlangt. Hoch über ihm soll der Sage nach ein hübsches, blondes Mädchen die Rheinschiffer derart bezirzt haben, dass diese im Liebesrausch gegen die verborgenen Felsriffe fuhren und sanken. Daneben zieren zahlreiche Ritterburgen die ansonsten schroffen, kargen Felshänge. Das windgeschützte Flusstal weist ein besonders warmes Kleinklima auf, das sogar im Mittelmeerraum beheimateten Arten einen Lebensraum bietet. Die Smaragdeidechse, sonst in Frankreich, Italien oder Spanien unterwegs, findet hier ein winziges inselartiges Gebiet ihrer Verbreitung. Möglich wurde dieser nördliche Lebensraum wohl erst durch menschliche Aktivitäten wie den Weinbau. Schon die Römer rodeten die Hangwälder, legten Terrassen und Mauern an und pflanzten Weinstöcke, um sich auch fern der Heimat mit gewohnten Getränken zu versorgen. In unseren Tagen wird die mühevolle Arbeit in den Steilhängen zunehmend von Maschinen unterstützt. Auch diese stoßen jedoch bei besonders steilen Parzellen an ihre Grenzen. Folglich wurden in den vergangenen Jahrzehnten viele Weinberge aufgegeben. Rasch nutzten Sträucher und Bäume ihre Chance und begannen, einst verlorenes Terrain wieder zurückzuerobern. Schon bald sah man zwischen sauber bewirtschafteten Terrassen auch solche, die unter der wild wuchernden Vegetation kaum noch zu erkennen waren. Da die Zahl dieser Parzellen ständig zunahm, schlugen Naturschützer Alarm. Denn die sorgsam behüteten Smaragdeidechsen benötigen, wie andere Echsen auch, Sonnenbäder – vorzugsweise auf den warmen Trockenmauern der Weinberge. So einfach war das aber plötzlich nicht mehr überall möglich. Wo einst pralle Sonne die Tiere auf die richtige Betriebstemperatur hochheizte, spendeten Sträucher und Bäume nun ungefragt Schatten. Der Lebensraum der Eidechsen, wie auch anderer Wärme liebender Arten, schrumpfte im gleichen Maß, wie die Bewirtschaftung der Weinberge aufgegeben wurde.

Hier griffen Naturschutzorganisationen nun helfend ein. Um die alte Kulturlandschaft mit ihren Sonnenanbetern nicht untergehen zu lassen, wurden allerlei Methoden der Entbuschung ausprobiert. Wie in Holland, so drohte auch am Rhein die Kraft der Natur zu siegen. Immer wieder trieben die abgesägten Büsche und Bäume aufs Neue aus, sodass das ehrenamtliche Engagement auf eine harte Probe gestellt wurde. Schließlich griff man zu anderen Mitteln. Unterstützt durch Finanzspritzen von Bund, Land und Kommune sowie wissenschaftlich begleitet durch die Universitäten Mainz und Regensburg wurde das »E+E Projekt

Mittelrhein« aus der Taufe gehoben. Die Buchstabenkürzel stehen für Erprobung und Entwicklung. Und erprobt wurde alles, was das Brainstorming der Naturschützer hergab. Da wurden Panzerketten mit Traktoren über die Flächen geschleift, um die Gehölze mit Stumpf und Stiel auszureißen. Groß angelegte Buschfeuer, in unseren Breiten ein eher unbekanntes Naturphänomen, verbrannten preisgünstig unzugängliche Hangpartien. Und es wurden, eine weitere Parallele zum Ijsselmeer, Pferde in die einstigen Weinberge entlassen. In diesem Fall waren es Exmoorponys – eine robuste, alte Pferderasse aus Großbritannien. Schnell fühlten sich die neuen Bewohner wie zu Hause. Die Hengste bewachten argwöhnisch ihre Harems und lehrten manchen menschlichen Besucher durch Scheinangriffe das Fürchten. Burenziegen aus Südafrika übernahmen andere Berghänge, sodass der Wiederbewaldung Einhalt geboten werden konnte. Eine Spezies durfte nicht fehlen: der Mensch. Mit Fördergeldern wurde der Weinbau vor Ort wiederbelebt, der unter Naturschützern für diese Landschaft als Wohltat für seltene Arten eingestuft wird. Als besonderes Highlight wurden verschiedene Felspartien nachts mit buntem Scheinwerferlicht angestrahlt, um die alte Kulturlandschaft für Touristen attraktiver zu machen. An dieser Stelle möchte ich gerne noch einmal nach Brasilien abschweifen. Können Sie sich vorstellen, dass hiesige Naturschützer ähnlich begeistert wären, wenn die dortige Bevölkerung mit allen Mitteln ihre alte Kulturlandschaft gegen die Rückkehr des Regenwaldes verteidigte?

Die Auffassung, Schutzgebiete durch Beweidung vor der Wiederbewaldung zu schützen, ist zwar strittig, wird aber in der Regel aus einer ehrenwerten Motivation heraus vertreten. Mit derart offen gehaltenen Landschaften möchte man ja seltenen Arten wieder zur Vermehrung verhelfen. Die Schützenhilfe aus zwei anderen Lagern ist nicht ganz so positiv zu sehen: die aus der Forstwirtschaft und die von den Jägern. Einer Offenhaltung könnten nämlich auch Kahlschläge dienen, die in verdeckter Form im deutschsprachigen Raum noch oder schon wieder gang und gäbe sind. In Skandinavien, mehr noch in Kanada, Russland und natürlich dem Regenwaldgürtel kennt man keine Rücksicht und holzt ungeniert quadratkilometerweise ab. Wenn nach Ansicht vieler Naturschützer baumfreie Flächen in den großen Forsten dem Artenschutz dienen, dann gibt es für die großen Forstkonzerne ebenfalls keinen Grund mehr, von dieser Strategie abzuweichen. Zumindest jedoch wird eine Argumentation gegen Kahlschläge erheblich erschwert. Auch die Jägerschaft springt auf diesen Zug auf. Eigentlich müsste gerade diese Gruppe ein starkes Interesse an intakten Wäldern haben; schließlich leben darin die meisten der für die Jagd besonders interessanten Tiere. In diesem Fall kommt aber eine Besonderheit zum Tragen. Die Motivation der meisten Jäger rührt nicht aus möglichst vielen geschossenen Tieren, sondern aus möglichst beeindruckenden Trophäen. Dies sind die Geweihe der Rehe und Hirsche sowie die Eckzähne von Wildschweinen, die schön auf Brettchen montiert an der heimischen Wohnzimmerwand aufgehängt werden. Will man regelmäßig Tiere mit imposanten Hörnern und Zähnen schießen, braucht man sehr hohe Wildbestände. Nur etwa eines von hundert trägt nämlich die gewünschte Trophäe auf oder im Kopf. Von Natur aus wären die Dichten dieser Tiere sehr gering. Vielleicht fünf oder noch weniger Rehe, Hirsche und Wildschweine zogen in früheren Jahrhunderten, auf den Quadratkilometer bezogen, durch die ursprünglichen Wälder. Viel zu wenig, um regelmäßig eines von ihnen zu sehen, geschweige denn zu erlegen. Bei 15 000 Euro Jagdpacht und sonstigen Kosten für ein kleines Jagdrevier wäre das ein schlechtes Geschäft für die in Loden gekleideten Freizeitschützen. Also wird das Wildaufkommen der finanziellen Investition angepasst. Um die Bestände zu erhöhen, werden weibliche Tiere geschont, da diese Nachwuchs produzieren sollen. Zudem wird Winterfutter ausgebracht, um auch schwache Tiere über die kalte Jahreszeit zu bringen. Ein Übriges tut die moderne Landwirtschaft. Die üppig gedüngten Wiesen und Felder halten ihre Ernte nicht nur für den Menschen, sondern auch für Wildtiere bereit, die sich nur zu gerne bedienen. Zusammen haben diese Vorgänge zu Wilddichten geführt, die vielerorts mehr als das Zehnfache des ursprünglichen Bestandes betragen. Das Fatale: Rehe, Hirsche und Wildschweine fressen mit Vorliebe Knospen und Triebe junger Laubbäume sowie Eicheln und Bucheckern. In früheren Zeiten war das kein Problem für den Wald, da die wenigen Pflanzenfresser nur hier und da etwas vom Baumnachwuchs vertilgten. In den Mengen, in denen diese Tiere heute durch die Forsten streifen, hat der Laubwald vielerorts keine Chance mehr. Mit Zäunen und anderen Hilfsmitteln versuchen hilflose Waldbesitzer, aber auch staatliche Forstbehörden Laubbaumanpflanzungen vor den hungrigen Mäulern zu schützen. Geht gar nichts mehr, pflanzt man Fichten und Kiefern, da sie vom Wild häufig verschmäht werden. Damit werden die Probleme aber nur verlagert. Stürme wie Lothar oder Kyrill zeigen immer wieder deutlich, dass diese Baumarten in ursprünglichen Buchenurwaldgebieten nichts taugen. Während Laubbäume im Winter die Blätter fallen lassen, um Stürmen keine Angriffsfläche zu bieten, recken Fichte und Kiefer in dieser Jahreszeit trotzig ihre volle Nadelpracht in die stürmische Luft. Wen wundert es, dass ganz überwiegend diese beiden Baumarten »Naturkatastrophen« zum Opfer fallen. Aber wie schon erwähnt, haben Kahlflächen, ob durch Menschen oder Sturm verursacht, nach Auffassung einiger Förster ja auch ihre guten Seiten. Denn so haben auch Steppenarten im Wald eine Chance. Am Anteil der Nadelbäume in heimischen Wäldern können Sie direkt ablesen, wie tief örtliche Jäger und Förster in diese Problematik verstrickt sind. Und nun kommen wir wieder auf die Pferde im Ijsselmeer zurück. Wenn eine Beweidung und Waldzerstörung auf großer Fläche durch Pflanzenfresser dem Naturschutz dient, was anders machen dann Jäger? Dienen sie mit dem Aufbau riesiger Rudel von Hirschen nicht demselben Zweck? Genau diese Argumentation wird in vergangener Zeit immer häufiger in Jägerkreisen verwendet, sodass der von staatlicher Seite vollmundig angekündigte Umschwung von Nadel- zu Laubwald in der Regel nur in Hochglanzbroschüren stattfindet.

Falsche Verwandtschaft

Als 16-Jähriger reiste ich 1981 zu Verwandten in die damalige DDR. Ich bitte noch um Geduld – hierbei handelt es sich um die richtige Verwandtschaft! In der Nähe von Luckau/Brandenburg war der Cousin meiner Mutter trotz aller Widrigkeiten sehr aktiv in Sachen Umweltschutz. Er

zeigte mir Kraniche und führte mich zu balzenden Groß-
trappen, truthahngroßen Vögeln, die in Deutschland kurz
vor dem Aussterben standen. Und ich bekam Spuren eines
Säugetiers zu sehen, das ich nur aus amerikanischen Filmen
kannte. Abgenagte Baumstümpfe, wie mit einem Riesen-
anspitzer ungeschickt in die Form eines Bleistiftes gebracht,
waren eindeutig die Hinterlassenschaften einer Biber-
kolonie. Das bis zu 1,30 Meter große und bis 30 Kilogramm
schwere Tier war um 1900 fast überall in Mitteleuropa ausgerottet. Neben den Schäden in der Land- und Forstwirtschaft hatte eine merkwürdige Einordnung den Nagetieren
eine gnadenlose Bejagung eingebracht: Sie wurden wegen
ihres platten Schwanzes und der Lebensweise im Wasser
den Fischen zugerechnet. Deshalb konnten sie während der
Fastenzeit ohne Reue gegessen werden. Nur noch etwa 100
Tiere waren nach dem Zweiten Weltkrieg an der mittleren
Elbe übrig geblieben. Diese geringe Zahl hätte nach Ein-
schätzung von Wissenschaftlern normalerweise für ein
Überleben nicht ausgereicht; schon ein besonders harter
Winter oder ein Seuchenzug wäre das Ende für den letzten
Bestand gewesen. Totgesagte leben länger, so auch der Biber.
Er breitete sich ab den sechziger Jahren munter entlang der
Flussläufe im Bereich der damaligen DDR aus. Hier und da
wurde er auch aktiv angesiedelt. Und ich bekam ihn oder
vielmehr seine Spuren als Jugendlicher in Brandenburg zu
Gesicht. Die nächste Nachricht von Bibern in Deutschland
kam aus Bayern. Dort hatten Naturschützer mit
behördlicher Genehmigung bis 1980 rund 120 Biber ausgesetzt. In den folgenden Jahren las ich hin und wieder über
die sich vermehrenden alpenländischen Nager, die schließlich 6000 Köpfe zählten.

Im Rahmen einer forstlichen Exkursion besuchte ich im
Jahr 2003 auch das mittlere Elbtal und dort speziell das

Biosphärenreservat bei Dessau in Sachsen-Anhalt. Es war schon beeindruckend zu sehen, wie ungehindert die weitläufigen Auewälder dort dem Spiel des Hochwassers ausgesetzt wurden. Etliche der mächtigen Eichen, aber auch Weiden und Pappeln zeigten in zwei bis drei Metern Höhe merkwürdige Rindenverletzungen. Nein, nicht der Biber war des Rätsels Lösung, sondern winterliche Treibeisschollen, die bei Hochwasser die Bäume rammten. In dieser fast urtümlichen Landschaft konnte sich der Restbestand des Elbebibers so weit erholen, dass es mittlerweile wieder 3000 Tiere gibt.

Ganz nebenbei beklagte sich der Ranger, der uns führte, über die bayerischen Biber. Das fand ich zunächst etwas merkwürdig, bis die ausführliche Erklärung folgte: In Bayern hatte man nicht nur europäische Biber ausgesetzt, sondern auch Tiere kanadischer Abstammung. Gefangen wurden sie unter anderem in Schweden und Polen, wo schon früher kanadische Biber ausgesetzt oder zugewandert waren. Man hätte natürlich auch Elbebiber ansiedeln können, aber vielleicht hatte der damals noch existierende Eiserne Vorhang einen Import verhindert. Nun könnten Sie einwenden, Biber sei Biber. Ganz so ist das leider nicht. Der europäische Biber und sein Verwandter aus Kanada sind zwei verschiedene Arten, die sich unter anderem durch ihre Körpergröße und die Fellfarbe unterscheiden. Letzter Beweis ist die Anzahl der Chromosomen in den Zellen: Beim heimischen Biber sind es 46, beim kanadischen nur 40. Nun stellt sich die Frage nach dem Sinn der Aktion in Bayern. Zur Verdeutlichung der Tragweite dieses Unterfangens schlage ich ein kleines gedankliches Experiment vor. Sie und ich wollen Wölfe im Schwarzwald aussetzen. Nehmen wir weiter an, Behörden und Bevölkerung hätten zugestimmt. Endlich würde der Traum von Freiheit und

Abenteuern in diesem großen Waldgebiet näherrücken. Dummerweise wäre es für uns beide sehr schwierig, an echte Wölfe zu gelangen. Da käme mir eine zündende Idee: Ich hätte einen Bekannten, der Pudel züchtet. Gegen entsprechende Bezahlung würde er uns in den nächsten Jahren genügend Tiere besorgen, um daraus ein Rudel aufzubauen. Ich würde versuchen, Sie zu überzeugen, dass Pudel und Wolf doch nun wirklich sehr eng verwandt seien, und es keine Rolle spielen würde, dass die von uns besorgten »Wölfe« gelockt, kleiner und ziemlich verspielt seien. Ich wette, Sie würden mir in den Arm fallen und das Experiment an dieser Stelle abbrechen. Dabei sind Pudel und Wolf tatsächlich näher verwandt als die beiden Biberarten! Noch sind die Veröffentlichungen zur Konkurrenz zwischen den Arten widersprüchlich: Kreuzen sich beide miteinander und lassen so die europäische Art lokal wieder aussterben? Verdrängen kanadische Biber ihre kleineren europäischen Verwandten? Ich bin sehr für die Rückkehr heimischer Biber, finde jedoch solch schlecht geplante Aktionen kontraproduktiv. Auch in Österreich setzte man neben europäischen einige kanadische Biber aus, erkannte aber den Fehler und fing die wenigen Tiere, die nach einigen Jahren noch übrig geblieben waren, wieder ein. Zwar soll in den vergangenen Jahren in Bayern und Österreich kein kanadischer Biber mehr gesichtet worden sein, und vielleicht gibt es tatsächlich keine Vermischung beider Arten. Aber warum geht man ein solches Risiko überhaupt ein?

Aktion Blau

Meine Kindheit verbrachte ich in Sinzig am Rhein, einem idyllischen Städtchen ohne allzu viel Hektik. Nach der

Schule war ich die meiste Zeit des Tages draußen unterwegs und stromerte mit meinen Freunden durch die Dickichte entlang dem Flüsschen Ahr. Manchmal nahmen wir Kescher mit und versuchten unser Glück unter dicken Ufersteinen, wo das Wasser still und dunkel war und die Fische ruhten. Waren wir erfolgreich, so wurde unser Fang, meist kleine, grätenreiche Barsche, zur Oma eines Freundes gebracht und gleich in der Pfanne zubereitet. An heißen Sommertagen badeten wir im lauen Wasser, und in dem dichten Bewuchs der Wasserpflanzen wurde so manch merkwürdiges Lebewesen entdeckt. Die in dieser Zeit recht hohe Wasserverschmutzung, Ausdruck fehlender Kläranlagen und Kanalisationen im Einzugsgebiet der Ahr, schreckte uns noch nicht. Jahre später sah ich das anders. Messungen hatten ergeben, dass die Verschmutzungen noch die des nahen Rheins übertrafen. Viele Tierarten waren bereits lokal ausgestorben und der Flusslauf auf großer Strecke begradigt. Lediglich das kleine Mündungsgebiet war noch halbwegs natürlich: Ungehemmt durfte hier das Wasser alte Wege verlassen und neue Flussbette graben. Damit war die Ahr allerdings allein auf weiter Flur: Sie galt als letzter natürlicher Zufluss des Rheins, was nicht ganz stimmte, denn unmittelbar vor der Flussmündung in den großen Strom überquerte eine Rad- und Fußgängerbrücke die Ahr. Und immer wenn der Fluss die Fundamente der Brücke anzunagen drohte, wurde das Ufer mit dicken Basaltbrocken neu befestigt. Das Mündungsgebiet stand übrigens auch damals schon unter Naturschutz. Spürbare Änderungen zum Positiven ergaben sich, als im Laufe der nächsten drei Jahrzehnte nahezu alle Eifelgemeinden des Einzugsgebietes an moderne Kläranlagen angeschlossen wurden. Die Wasserqualität wurde so gut, dass an die Rückkehr anspruchsvoller Fischarten, allen voran des

Lachses, gedacht werden konnte. Diese Fischart war in den fünfziger Jahren im Rhein und seinen Nebenflüssen ausgestorben, weil giftige Einleitungen von Industrie- und Siedlungsabwässern, aber auch Stauwerke die Bedingungen für ein Überleben zerstört hatten. Noch im 19. Jahrhundert mussten Mägde und Knechte durch Vereinbarungen davor geschützt werden, diesen billigen Speisefisch mehr als zweimal pro Woche vorgesetzt zu bekommen.

Das Jahr 1986 markierte einen Wendepunkt für den Rheinlachs. Zu diesem Zeitpunkt war der große Strom immer noch wie leer gefegt, als in Basel das Chemiewerk Sandoz brannte. Giftige Chemikalien gelangten mit dem Löschwasser in den Rhein und färbten das Wasser rot. Von der Schweiz bis zur Mündung in die holländische Nordsee setzte ein massives Sterben aller Arten von Wasserorganismen ein. Jetzt endlich wachte die Politik auf und erkannte, dass der einst majestätische Fluss zur Kloake verkommen war. Schon ein Jahr später wurde das Programm »Lachs 2000« aus der Taufe gehoben, um die eleganten Tiere wieder anzusiedeln. Noch war das allerdings nicht möglich, denn etliche Wehre, das sind dicke Staumauern quer durch den Fluss, behinderten die Wanderung der Fische vom fernen Meer bis hinauf in das Quellgebiet. Das Umweltministerium des Landes Rheinland-Pfalz startete im Jahr 1995 die »Aktion Blau«. Ziel war die Beseitigung der Hemmnisse, um die Fließgewässer des Landes wieder zu regenerieren. Auch die Ahr profitierte von den Maßnahmen: So wurden mit Millionenaufwand viele Wehre niedergerissen und so umgestaltet, dass das Wasser wieder halbwegs natürlich über Steine und Felsblöcke rauschen konnte. Im Rahmen des Programms »Lachs 2000« wurden dann über viele Jahre Junglachse französischer Herkunft ausgesetzt. Das Ziel: Eines Tages sollten diese nach ihrer

Wanderung in den Weiten des Atlantiks in die Ahr zurückkehren, Eier ablegen und so einen natürlichen Bestand
gründen. Und tatsächlich: Ab dem Jahr 2001 wurden
wieder regelmäßig ausgewachsene Lachse im Fluss nachgewiesen. Besonders rührig kümmerte sich die »Arge Ahr«
um die Rückkehrer, eine Arbeitsgemeinschaft von Anglern,
Gewässerpächtern und Fischereivereinen. Erklärtes Ver-
einsziel laut Satzung: die uneingeschränkte Förderung der
Ziele des Natur- und Artenschutzes. Das ist deshalb so
erwähnenswert, weil es noch einen anderen Rückkehrer am
idyllischen Flüsschen gibt. Es ist der Kormoran, ein ele-
ganter Taucher, der sich von Fischen ernährt. Wenn Sie jetzt
schon dunkle Vorahnungen haben, dass es zu Konflikten
zwischen diesem Vogel und Anglern kommen könnte,
kann ich Sie nur bestätigen. Bis Anfang der achtziger Jahre
des vergangenen Jahrhunderts war der Kormoran ein
äußerst seltener Vogel. Um 1900 bis auf geringe Rest-
bestände in Polen und Holland ausgestorben, gelang ihm
nur mühsam die Rückkehr. Zwar wurde er nicht mehr wie
vor hundert Jahren brutal verfolgt, dennoch waren die
Lebensumstände nicht günstig. Die Flüsse und Seen waren
begradigt, zugebaut und völlig verschmutzt, sodass seine
Beute, die Fische, nur noch in geringer Zahl vorhanden war.
Mit der Verbesserung der Wasserqualität des Rheins und
seiner Zuflüsse stieg die Zahl der Fische wieder an und damit auch die Zahl der Kormorane. Ganz nebenbei wurde
uns von der Natur vorgeführt, dass nicht ein Raubtier, also
hier der Kormoran, den Bestand der Beutetiere reguliert,
sondern die Zahl der Beutetiere die Zahl der Raubtiere. Ein
Raubtier kann also niemals die Beutetiere völlig ausrotten,
weil es schon vorher verhungert. Den Mechanismus
können Sie auch selbst nachvollziehen. Haben Sie schon
einmal Blaubeeren oder Pilze gesammelt? Nehmen wir uns

einmal die Blaubeeren in freier Landschaft vor. Angenommen, Sie haben eine ergiebige Stelle in einem alten Kiefernwald gefunden. Zu Ihren Füßen wachsen Hunderte der kleinen Sträucher, über und über behängt mit den leckeren Früchten. Wenn Sie mit dem Sammeln beginnen, werden Sie die Sträucher abernten, bis nur noch die Hälfte der Beeren daran hängt, denn das vollständige Abernten wäre viel aufwendiger als die Suche nach einem neuen, noch voll behängten Strauch. Dann wenden Sie sich der nächsten Pflanze zu, und so geht es munter weiter. So haben Sie rasch einen Eimer gefüllt, und das Blaubeerfeld ist grob abgeerntet. Jetzt würden Sie aber gerne noch den zweiten Eimer füllen. Zwar ist noch einmal die gleiche Menge Beeren vorhanden, diese sind jedoch deutlich schlechter zu pflücken. Verborgen auf der Unterseite von Blättern oder im Innern der Sträucher dauert die Suche nach ihnen viel, viel länger. Vier- bis fünfmal so lange müssen Sie sammeln und finden doch nicht alle. Der zweite Eimer wird so trotz des hohen Zeitaufwandes nicht mehr voll.

Genau so ergeht es dem Kormoran. Er kann seine Lebensgrundlage, die Fische, nicht ausrotten. Fällt der Bestand seiner Beute unter eine kritische Zahl, so ist der Aufwand, einen Fisch zu suchen und zu fangen, höher als die Energie, die der Verzehr der Nahrung erbringt. Konsequenz: Entweder wandert der Vogel in andere Gebiete ab, oder er stirbt. Diese Atempause ohne Räuber, mehrere Jahre oder Jahrzehnte, kann der Fischbestand nutzen, um sich zu erholen. Ein ständiges Auf und Ab also, welches sich überall in der Natur bei jeder Räuber-Beute-Beziehung beobachten lässt.

Nun aber zurück an die Ahr. Die Arbeitsgemeinschaft der Angler, wir erinnern uns, will uneingeschränkt den Natur- und Artenschutz fördern. Der Kormoran, noch vor

Jahren eine bestaunte Rarität, hat sich mittlerweile in größerer Zahl dauerhaft an der Ahr eingerichtet. Und er frisst, weil er nicht anders kann, Fische. Leider erkennt er nicht, dass einige von ihnen eigens herangehegte kleine Lachse sind. So ist der elegante Taucher ins Visier der Arbeitsgemeinschaft geraten. Er und nur er ist eine Bedrohung für die Lachse und muss bekämpft werden. Die Arbeitsgemeinschaft mit dem Naturbekenntnis in der Satzung beantragt tatsächlich regelmäßig den Abschuss der Tauchvögel. Die Behörden reagieren auf die Hilferufe der Angler und genehmigen die Tötungsaktionen, obwohl die Tiere EU-weit geschützt sind. Solche Ausnahmegenehmigungen sind gesetzeskonform, wenn fischereiwirtschaftliche Schäden zu erwarten sind. Und um das Problem der Petrijünger dauerhaft zu lösen, erstellt das zuständige Umweltministerium eine Kormoranverordnung, in der die Abschussfreigabe als »kontrollierte Entwicklung« der Vogelpopulationen bezeichnet wird. Auch das EU-Parlament will die Kormoranjagd legalisieren. Dazu werden horrende Zahlen serviert. Demnach steigt die Zahl und die Gefräßigkeit der Tiere unaufhaltsam an, bereits zwei Millionen dieser Räuber erbeuten europaweit täglich angeblich 1000 Tonnen Fisch. Wissenschaftler sprechen dagegen von 500 000 bis 1,5 Millionen Tiere, deren Bestand lokal weder genau zu ermitteln noch zu regulieren ist, weil Kormorane Zugvögel sind. Dennoch setzen sich die Jagdbefürworter durch. So werden seit einigen Jahren an der Ahr wieder Kormorane geschossen, Vögel, die vor wenigen Jahrzehnten noch weiträumig ausgestorben waren. Wie war das noch mit den Mitgliedern der Arbeitsgemeinschaft, laut Satzung Angler, Fischereivereine und Pächter? Da drängt sich der Gedanke geradezu auf, dass hier ein Konkurrent um die Beute Fisch beseitigt werden soll.

Früher war alles besser, Sie kennen das sicher. In Bezug auf Natur träumen Menschen schon seit über hundert Jahren von der verlorenen Ursprünglichkeit der Wälder, von ihren Tieren und Pflanzen, von der Atmosphäre, die heutige Forste nur noch als schwachen Abglanz wiedergeben. Als besonders tragisch empfinden Naturfreunde das Aussterben einiger großer Säugetiere, die vom Menschen rücksichtslos gejagt wurden. Ein Vertreter dieser Tragödie ist der Auerochse, ein mächtiges Wildrind von der Größe eines Bisons mit dem Aussehen eines Büffels. Er lebte in den Wäldern Europas, bis der letzte von ihnen im Jahre 1627 bei Jaktorów im heutigen Polen getötet wurde. Heute erinnert an dieser Stelle ein Findling mit eingemeißelter Gedenkschrift an die Tat des damaligen Wilderers. In den dreißiger Jahren des vergangenen Jahrhunderts begannen zwei Brüder, Heinz und Lutz Heck, mit Rückzüchtungsversuchen. Beide waren Zoodirektoren, der eine in Berlin, der andere in München. Wie die Auerochsen einmal ausgesehen hatten, konnten sie anhand von Skelettfunden sowie alten Beschreibungen und Zeichnungen rekonstruieren. Da Hausrinder von Wildrindern abstammen, mussten sich ihrer Meinung nach unter den Erbanlagen der vielen gezüchteten Rassen ebenso viele Reste der alten Wildrindgene finden lassen. Mit Kampfstieren aus Spanien, Frankreich sowie Rindern aus Korsika und Schottland begannen sie die mühsame Zucht. Schon nach einigen Jahren entstand daraus ein Rind, welches optisch dem Auerochsen sehr nahe kam. Einziger Mangel: Es war deutlich zu klein. Einige Exemplare überlebten den Zweiten Weltkrieg und begannen, jetzt Heckrinder genannt, zunächst eine Karriere in verschiedenen Zoos. Die

Ähnlichkeit mit dem Auerochsen ließ einigen Naturschützern keine Ruhe, und so wurden die Rinder in verschiedene Naturschutzgebiete entlassen, um dort durch ihren Appetit auf Bäume die Wiederbewaldung zu verhindern. Oostvaardersplassen haben Sie als ein solches Refugium für Heckrinder ja schon kennengelernt. Da aber deren Größe noch nicht dem Original entspricht, wird aktuell unter Einkreuzung größerer Hausrinder weitergearbeitet. Zwar geben alle Beteiligten zu, dass man so niemals den Auerochsen zurückbekommt, sondern bestenfalls sein Abbild, denn in den Rückzüchtungen vereinigt sich ein buntes Sammelsurium an Genen. Dennoch werden die Heckrinder vielfach im Sinne einer zu schützenden Art behandelt, was schon mehr als nur ein bisschen irreführend ist. Die Naturschutzorganisation NABU setzte Heckrinder und Koniks in den Emsauen des Münsterlandes aus und beschrieb das Projekt als einmaliges Naturerlebnis mit Auerochsen und Wildpferden. Drastisch formuliert könnte man sagen, dass es sich in Wahrheit um Hausrinder handelt, die im Kostüm eines Auerochsen daherkommen.

Einen interessanten Aspekt haben solche Aktionen aber dennoch: Es taucht die Frage auf, ob Haustiere nicht doch zur Natur gerechnet werden sollten. Hierzu muss ich einmal etwas persönlich werden. Meine Familie besitzt Pferde, Ziegen, Hühner, Kaninchen und einen Hund. Durch die wunderschöne Landschaft rund um das Forsthaus zu reiten, Fleisch, Milch und Eier aus artgerechter Haltung zu genießen und einen Hund durchzuknuddeln, der das grunzend genießt: Uns macht dieses Landleben richtig glücklich. Na ja, da gibt es natürlich auch die andere Seite. Bei Regen und Schnee, brennender Sonne oder wenn wir mal müde und genervt sind, immer müssen die Tiere versorgt werden. Das Füttern ist da noch die angenehmere Seite, denn auch das Ausmisten will gemacht werden. Zusätzlich fallen hohe Tierarztkosten für Impfungen und so manche Operation an.

Nach einigen Jahren begann ich mir die Frage nach dem Funktionieren evolutionärer Abläufe zu stellen. Ganz einfach ausgedrückt: Hat sich der Mensch die Haustiere nach seinen Bedürfnissen gezüchtet, oder haben sich bestimmte Tierarten durch Anpassung die Menschen zu einer Art Pflegepersonal erzogen? Die erste Variante dürfte Ihnen geläufig sein. Schon seit Jahrtausenden züchtete der Mensch aus wilden Tieren Nutzvieh, indem er immer nur die mit den gewünschten Eigenschaften behielt. Allmählich verloren so die Tiere ihre Scheu, wurden leistungsfähiger in Bezug auf Fleisch, Milch, Eier und Wolle und entfernten sich damit genetisch immer weiter von ihren wilden Urahnen. Einige Züchtungen waren schließlich so weit entfernt von ihren fernen Vorfahren, dass man diese kaum noch darin wiedererkennen mochte. Denken Sie beispielsweise an Chihuahua-Hündchen, deren Urahn der Wolf ist. Ist dieser Weg der Entwicklung von Haustieren aber nicht zu einseitig menschlich gedacht? Sehen wir uns den Vorgang doch einmal mit den Augen der Haustiere an, zum Beispiel aus Sicht des Hundes. Seine wilden Vorfahren, die Wölfe, streifen in Rudeln umher und haben sehr differenzierte Sozialstrukturen. Das ist eine wichtige Voraussetzung für ein Leben mit dem Menschen, der ja für sein Wohlbefinden ebenfalls sein »Rudel« braucht. Irgendwann vor 15000 oder 130000 Jahren (da streiten die Wissenschaftler noch) schlossen sich Wölfe dem Menschen an. Vielleicht lebten sie von seinen Abfällen, vielleicht nutzte der Mensch Wolfsjunge als lebenden Vorrat, jedenfalls verliefen von da an die Wege gemeinsam. Lag die Sterblichkeitsquote der Jungtiere vorher bei 80 Prozent, so reduzierte sie sich nun drastisch. Der Mensch sorgte für einen gedeckten Tisch, trockene Unterkunft und Schutz vor Raubtieren. Dennoch war die Bindung in dieser frühen Phase nicht so eng wie heute, und in Krisenzeiten mit Nahrungsmangel mussten sicher zuerst die Hunde leiden. Genau hier setzten die Mechanismen der Evolution an: Es überlebten die Hunde, zu denen der Mensch eine besondere Beziehung hatte aufbauen können. Das war zum einen bedingt durch ein besonderes Aussehen, beispielsweise eine ungewöhnliche Fellfarbe, zum anderen durch rührende Anhänglichkeit. Im Laufe der Jahrtausende spezialisierten sich verschiedene Hunderassen immer mehr, sodass sie unentbehrliche Helfer bei der Jagd oder dem Hüten der Viehherden wurden. Sie lernten sogar, menschliche Signale zu verstehen und konnten sich umgekehrt differenziert gegenüber ihrer Bezugsperson äußern. Neuere Forschungen belegen, dass Hunde menschliche Signale besser interpretieren können als Menschenaffen, und dass diese Fähigkeit sogar genetisch verankert ist. Kurzum, sie lernten, sich so einzuschmeicheln, dass Menschen zu ihnen eine starke soziale Bindung aufnahmen. Zusammen mit dem Siegeszug der Zweibeiner breiteten sich Hunde millionenfach über die gesamte Erde aus, während ihr wilder Urahn verfolgt und vielerorts ausgerottet wurde. Hohe Überlebensraten des Nachwuchses, ein Leben in Wohlstand, mit Chauffeur und ärztlicher Betreuung: Es gibt nur wenige Arten, die derart erfolgreich in einer vom Menschen stark umgeformten Umwelt überlebt haben.

Ähnliche Strategien haben Rindern, Pferden, Schweinen, Katzen und einigen Dutzend anderen Haustieren eine früher ungekannte Expansion in alle Klimazonen ermöglicht. So gesehen ist ihre Entwicklung aus ursprünglichen, wilden Arten ein völlig natürlicher Vorgang gewesen. Und jetzt komme ich noch einmal auf den Anfang des Kapitels zurück. Sind Haustierrassen ebenfalls schützenswert? Es gibt einige unter ihnen, wie das Deutsche Sattelschwein, das Kärntner Brillenschaf oder den Westerwälder Kuhhund, von denen nur noch wenige Exemplare vorhanden sind. Fällt ihre Erhaltung auch unter den Begriff »Naturschutz«, oder sind es eher sentimentale Gründe, die die Fortführung der Zucht rechtfertigen? Erkennen wir Haustiere als eine Sonderform der Natur an, so gibt es für den Naturschutz nichts mehr zu tun, denn dann gehören auch alle Lebensräume dieser Arten, Wiesen, Weiden und sogar Ställe, zu natürlichen Biotopen. Das hieße meiner Meinung nach eine Verkehrung des landläufigen Verständnisses des Naturbegriffs ins Gegenteil. Würden wir diesem gedanklichen Pfad weiter folgen, so wären in Zukunft noch andere Schwierigkeiten zu erwarten. In einem Interview mit der Zeitung »Die Welt« vom 2. Februar 2008 wird der US-Forscher Craig Venter mit den Worten zitiert: »Ich erschaffe neues Leben.« Venter war als erstem Wissenschaftler der Welt die Schaffung künstlichen Erbguts gelungen. Vision sei es, so Venter, neue Lebensformen beispielsweise zur Gewinnung von Energie aus Kohlendioxid zu entwickeln und damit das Energieproblem der Menschheit zu lösen. Wenn wir akzeptieren würden, dass auch Haustiere der schützenswerten Natur zuzurechnen seien, wie würde es sich dann mit gänzlich vom Menschen erschaffenen Organismen verhalten? Wären diese auch noch schützenswert, sofern im Bestand bedroht? Definierten wir Natur als das freie Spiel der Evolution einschließlich aller menschlichen Aktivitäten, dann wäre Naturschutz überflüssig. Er ist nur dann sinnvoll, wenn wir das gegenwärtige Ausmaß menschlicher Eingriffe als unangemessen und moralisch nicht vertretbar bezeichnen, wenn es einen Anspruch kommender Generationen auf das Kennenlernen von Blauwalen, Spitznashörnern und Hirschkäfern gibt. Diesen Anspruch halte ich für so schwerwiegend, dass er allein ausreichend für Schutzbemühungen, zunächst jedoch für eine genauere Untersuchung des Naturbegriffs ist.

II. HINTERGRÜNDE

Artenvielfalt

Wenn es um das Thema Naturschutz geht, taucht irgendwann unweigerlich auch der Begriff »Artenvielfalt« auf.
Dieser Begriff ist das eigentliche Kernstück des modernen
Naturschutzes, und deshalb drehen sich alle Maßnahmen
letztlich um die Erhaltung der Biodiversität, wie das Ganze
neuerdings genannt wird. Nur noch einmal zur Verdeutlichung: Es geht um den Erhalt möglichst vieler Arten,
und das an allen Orten. Das halte ich für völlig verkehrt,
obwohl ich schon seit etlichen Jahren für den Schutz der
Umwelt eintrete. Der Erhalt der globalen Artenvielfalt ist
auf jeden Fall erstrebenswert, nicht jedoch die Schaffung
oder der Erhalt möglichst vieler Arten in jeder einzelnen
Region. Lassen Sie mich das an einem einfachen Beispiel
erklären. Die Orte mit der höchsten Artenvielfalt tierischen
Lebens werden gemeinhin in tropischen Regenwäldern
vermutet. Das ist falsch! Die höchste Dichte verschiedener
Arten finden Sie in den städtischen Zoos. Von Insekten
über Fische, Reptilien, Vögel und Säugetiere sind hier Tausende Arten aller Klimazonen vertreten. Nun kann man
sagen, dass Zoos nicht zur Natur gehören und als künst-
liches Gebilde nicht zu den schützenswerten Landschaften
der Erde zählen. In Ordnung, aber was ist dann mit den
großen Safariparks oder Wildgehegen? Auch das sind
künstliche Gebilde, die wenig mit ursprünglicher Wildnis

zu tun haben, obwohl hier eine erstaunliche Vielfalt an Säugetieren zu bewundern ist. Was aber unterscheidet einen Zoo oder Safaripark von Naturschutzprojekten wie Oostvaardersplassen, dem Mittelrheintal oder der Lüneburger Heide? Auch hier werden parkähnliche Verhältnisse geschaffen und Tierarten ausgesetzt, die ursprünglich nicht vorhanden waren. Sicher, die Zielsetzung ist eine andere. Zoo und Co dienen in erster Linie der Erbauung, vielleicht auch Fortbildung, während die Schutzgebiete seltene Arten vor dem Aussterben bewahren sollen. Im Ergebnis läuft es jedoch auf das Gleiche hinaus: künstliche Landschaften mit ursprünglich dort nicht vorhandenen Tieren. Für Zoos können Sie diesen Satz sicher sofort unterschreiben. Zebras und Giraffen, Pinguine und Vogelspinnen sind nun mal nicht heimisch. Der Erhalt ihrer Vorkommen in München und Berlin ist kein Beitrag zum Schutz natürlicher Lebensräume. Deutlich schwieriger wird die Beurteilung von Naturschutzgebieten, die als Heimstätte seltener Tiere erhalten werden. Denn nach dem eben Gesagten kann es für sinnvolle Maßnahmen zum Artenschutz nur ein Kriterium geben: Ist die zu schützende Art heimisch? Und genau das muss in vielen Fällen bezweifelt werden.

Heimisch oder nicht?

Im Verlaufe dieses Kapitels geht es um nichts Geringeres als um den moralischen Anspruch der Arten auf Schutz. Betrachten wir sie deshalb im Einzelnen. Besonders geeignet sind diejenigen, welche schon vor langer Zeit vom Menschen verfolgt und vielerorts ausgerottet wurden. Sie sind mit Sicherheit nie aktiv gefördert worden und dürfen somit als garantiert heimisch gelten. Beispielhafte Vertreter dieser Kategorie sind Wolf, Bär und Luchs. Ihr Schutz ist höchstens bei einigen Gruppen wie den Jägern umstritten. Eine zweite Kategorie betrifft Arten, die vom Menschen gezielt außerhalb ihres natürlichen Verbreitungsgebietes angesiedelt wurden. Das wird schon seit dem Mittelalter praktiziert, und zwar vor allem aus jagdlichen Gründen. Um eine vielfältigere Beute zu haben, schönere Trophäen zu erlangen, wurden Damhirsche aus Asien nach Mitteleuropa gebracht und ausgewildert. Vor rund hundert Jahren kamen, ebenfalls aus Asien, Sikahirsche dazu. Weitere Arten wie Waschbär und Bisamratte entwichen aus Pelztierfarmen oder wurden gezielt ausgesetzt. Auch pflanzliche Vertreter wie die Herkulesstaude oder das indische Springkraut sind auf Aktivitäten von gestaltungsfreudigen Menschen zurückzuführen. Ganze Bachauen werden von diesen im Garten hübsch anzusehenden Gewächsen erobert. Sie sind definitiv nicht heimisch und damit auch nicht Objekt für Bemühungen des Artenschutzes, ganz im Gegenteil. Die Geister, die von Gartenliebhabern gerufen wurden, sind nicht mehr los zu werden.

Die dritte Kategorie ist die schwierigste. Viele Arten, die auf den Roten Listen der vom Aussterben bedrohten Arten auftauchen, sind auf stark veränderte Lebensräume angewiesen. Beispiele sind der Feldhamster und die Heidelerche, aber auch eine große Zahl von Ackerwildkräutern. Ihre Bestände sanken dramatisch, sodass auch hier Schutzmaßnahmen ergriffen wurden. Die possierlichen Hamster schafften schon Baustopps in den Niederlanden, Mainz, Braunschweig, Wiedemar bei Leipzig und anderen Orten. Nebenbei mutierten sie so zeitweise zur Zielscheibe derjenigen, die Naturschutz als überflüssiges Hemmnis für

Wirtschaftswachstum halten. Der eigentliche Grund für den starken Rückgang solcher Arten war dabei längst ausgemacht: Nicht Baumaßnahmen, sondern die intensive Landwirtschaft der vergangenen Jahrzehnte machte den kleinen Kerlen den Garaus. In früheren Jahrhunderten profitierten sie von der offenen Landschaft und dem Ackerbau des Menschen. In tiefen Bauen sammelten sie kiloweise Getreide für den Winter, sodass die hungernden Bauern Jagd auf die Pelztiere machten. Trotz einer Belohnung für jeden gefangenen Hamster begab sich so mancher Jäger auf Abwege. War der Hamsterbau ausgegraben, wurden die Tiere sogleich wieder freigelassen, denn wertvoller als die Prämie war deren Wintervorrat. So konnte man, auch ohne Bauer zu sein, den eigenen Speisezettel erheblich aufbessern. Die modernen, schweren Traktoren unserer Tage mit den tief gehenden Pflügen lassen für das Überleben derartiger Tiere kaum noch Raum. Gleiches gilt für alle Arten der Steppe, ob Tier oder Pflanze. Denn durch den Maschineneinsatz, kombiniert mit Düngemitteln und Pestiziden, gehen der landwirtschaftlichen Fläche zunehmend die Eigenschaften der Landschaft verloren, die für die Arten der dritten Kategorie entscheidend ist. Steppen mit ihrem Grasreichtum, ihrer Trockenheit und den nur spärlich vorhandenen Bäumen sind das eigentliche Zuhause der betroffenen Spezies. Mitteleuropa ist aber von Natur aus Waldgebiet; Steppen hat es, wenn überhaupt, nur in geringem Umfang gegeben.

Und damit sind wir beim Kern des Problems: Können Arten als heimisch gelten, deren Lebensbasis erst durch die menschliche Kultur geschaffen wurde? Viele von ihnen sind im Laufe der Jahrtausende den Siedlungen gefolgt und haben sich in der bäuerlichen Landschaft ausgebreitet. Verleiht die Tatsache, dass dies schon vor etlichen Generationen geschah, diesen Tiere und Pflanzen das

Prädikat »heimisch«? Selbst bei Waldarten ist die Situation oft unklar. Die Rote Waldameise, auch als »Waldpolizei« tituliert, steht auf der Roten Liste der gefährdeten Arten. Die hügelbauenden Tiere verzehren Insekten und tote Kleinsäuger, wodurch sie den Wald nach Ansicht der Förster sauber und schädlingsfrei halten. Über diese etwas zu einfache Kategorisierung möchte ich gar nicht viel erzählen, höchstens, dass Ameisen dank fehlender Naturschutzkenntnisse selbstverständlich auch vom Aussterben bedrohte Insekten fressen. In Mitteleuropa zunehmend seltener anzutreffen, tummeln sich die kleinen Beißer in den Nadelwäldern des Nordens auf nahezu jedem Quadratmeter. Auf meinen Reisen durch Schweden war es vielfach kaum möglich, einen ameisenfreien Platz für ein Zelt zu finden. Und solche »schwedischen« Wälder sind auch der bevorzugte Lebensraum der Waldameisen: Nadelwälder. Haben Sie schon einmal einen großen Ameisenhaufen nur aus Eichenblättern gesehen? Ich jedenfalls nicht, denn diese Blätter halten nicht richtig zusammen. Nadeln, nur Nadeln bilden die Außenhülle der bis zu zwei Meter hohen Hügel. Die Ameisen konnten sich nur im Schlepptau der Fichten- und Kiefernplantagen ansiedeln und hier auch nur an deren Rändern. Denn zumindest zeitweise muss der Bau von der Sonne beschienen werden, um die wechselwarmen Tiere auf Betriebstemperatur zu bringen. Ein typischer europäischer Buchenurwald war diesen Insekten sicher zu dunkel und zu kalt. In ihrer heutigen Verbreitung kann die Rote Waldameise also als Neubürger gelten. Ist sie, deren Vorkommen im nordischen Hauptverbreitungsgebiet keinesfalls gefährdet ist, bei uns als schutzwürdig einzustufen?

Holen wir uns noch einmal den Waschbären zu Hilfe. Auch er ist erst durch menschliche Aktivitäten in seiner neuen Heimat angekommen. Das ist allerdings erst siebzig Jahre her, und er gilt deshalb unbestritten als Neubürger. Gibt es ein zeitliches Limit, eine Art Mindestaufenthalt, der einen Schutzstatus rechtfertigt? Wir sollten auf die ursprüngliche Definition von »Natur« zurückkommen: Wenn diese das Gegenteil von Kultur, also menschlicher Gestaltung ist, dann können Lebensformen, die kulturell begründet in heimischen Gefilden ansässig wurden, nur als »Kulturfolger« bezeichnet werden. Und dies schließt den Status »heimisch« aus. Es wird nun Zeit, den Finger in die Wunde des modernen Naturschutzes zu legen.

Natur

Kulturell unbeeinflusste Umwelt, was ist das eigentlich? Bei den gewaltigen Umwälzungen, denen die Erde heute durch den Menschen unterworfen ist, gibt es keinen Flecken mehr, der nicht zumindest durch indirekte Änderungen betroffen wäre. Klimawandel, Luftverschmutzung und Lärm bewirken auch in den entferntesten Winkeln eine Veränderung der ursprünglichen Zustände. Wollten wir streng urteilen, würde kaum noch eine Region als unberührt gelten. Umgekehrt ist auch das Argument stichhaltig, dass alles, auch völlig veränderte Landschaften, Natur ist. Denn der Mensch gehört ebenfalls zu ihr, und damit auch alle seine Tätigkeiten. Als Kompromiss könnte gelten, dass die Beeinflussung der Lebensräume keine wesentlichen Auswirkungen auf das Gefüge der Arten und deren Lebenszyklen haben darf; alles andere würde entweder dem Menschen oder der Natur keinen Platz mehr einräumen. Für diese Definition spricht, dass für den Begriff »Natur« auch häufig ein anderes Wort verwendet wird: »Wildnis«. Das ist ein ungezähmtes Refugium, in dem der Mensch nur eine unbedeutende Nebenrolle spielt. Mit dieser Definition können wir die großen Landschaften der Regenwälder, der Antarktis oder auch etlicher Meeresregionen als echte Natur einstufen.

Allmählich haben Sie und ich das nötige Rüstzeug, um auch die mitteleuropäische Landschaft einmal herzhaft auf noch vorhandene Ursprünglichkeit abzuklopfen. Das geht erstaunlich einfach. Denn Natur in unseren Breiten bedeutet ganz einfach Urwald. Es waren überwiegend Lauburwälder, vor allem aus Buchen, die seit Jahrtausenden das Antlitz von Bergen, Tälern und Flussebenen prägten. Einige wenige baumlose Moore und Sümpfe, speziell im Norden, waren die einzigen Ausblicke, die sich dem Auge des Steinzeitwanderers boten. Bären, Wölfe und Luchse stellten Wildrindern, Rehen und Kleinsäugern nach. Eine riesige, bis heute unbekannte Anzahl an Käfern und anderem Kleingetier bevölkerte morsche Bäume und die Böden unter den Urwaldriesen. In diesen endlosen Wäldern schien die Zeit stillzustehen. Auch wenn nach Jahrhunderten der eine oder andere Baum zu Boden stürzte, so veränderte sich das Waldgefüge im Ganzen nicht. Rund 500 Jahre brauchten die Buchen, die den Großteil der Bäume stellten, bis sich ein dauerhaftes Gleichgewicht von Werden und Vergehen eingependelt hatte. Waldbrände waren unbekannt, und so ergab sich über riesige Flächen das Bild eines lückenlos geschlossenen Baumbewuchses. Für den Menschen bot diese Wildnis, abgesehen vom Fleisch der Beutetiere, wenig Nahrung. Daher benötigte jeder Einwohner mehrere Quadratkilometer Reviergröße, um sich ausreichend versorgen zu können. Dies änderte sich erst mit dem Übergang von der Jagd- zur Ackerbaugesellschaft, und damit kam es auch zum ersten deutlichen Zurückdrängen der Natur. Moment. Bis hierher haben wir ein Bild der Ursprünglichkeit vor Augen. Dieses müssen wir, so schmerzhaft dies auch für aktive Steppenschützer sein mag, als Schablone über die heutige Landschaft legen. Auf Nutzungskarten findet man häufig die Darstellung, dass Wald dunkelgrün, Wiesen hellgrün, Acker braun und bebaute Bereiche grau eingefärbt sind. Ausgehend von diesen Farben müsste eine Karte der Steinzeit fast ausschließlich dunkelgrün sein. Diese Karte, transparent gemacht und über eine Karte des heutigen Mitteleuropas gelegt, macht deutlich, dass die ehemaligen Waldgebiete nur mehr einem dünnen Flickenteppich gleichen. Heute überwiegen Hellgrün, Braun und Grau. Und das ist noch nicht alles. Auch dort, wo die Farben noch Wälder anzeigen, befinden sich in aller Regel keine mehr. Sicher, Bäume werden Sie dort noch antreffen. Der überwiegende Anteil steht jedoch in Reih und Glied, wie es sich für Plantagen gehört. Die alten Buchen werden Sie in vielen Fällen vergeblich suchen, da deren Anteil am modernen Wald auf unter ein Prozent geschrumpft ist. Fichten, Kiefern und andere Nadelbäume haben die Führung übernommen, hier und da ergänzt durch Anpflanzungen von Laubbäumen.

Schauen Sie sich doch einmal die Wälder aus der Vogelperspektive an. Das Internet bietet eine gute Gelegenheit, die eigene Heimat detailgenau zu betrachten. Zunächst fällt auf, dass die Waldgebiete wie mottenzerfressen wirken und nur noch kleine Inseln bilden. Beim genaueren Hinsehen können Sie erkennen, dass die Waldparzellen mehr oder weniger regelmäßige Kästchen bilden, durchzogen von einer Vielzahl von Schneisen. Pro Quadratkilometer gibt es teilweise mehr als vier Kilometer Wege für den Holztransport. Und die Kästchen stehen für jeweils gleich alte Bäume einer Art, die im selben Jahr gepflanzt wurden. Ein Fichtenforst in Mitteleuropa ist in etwa so natürlich wie eine Ölpalmplantage in Indonesien, nur haben wir uns schon seit Generationen an den Anblick gewöhnt. Wenn man nun an der dunkelgrünen Färbung der Karten nicht ablesen kann, wo tatsächlich noch ursprünglicher Wald wächst, wo finden wir ihn dann noch? Die traurige Antwort lautet: Nirgends. Es ist eine bittere Tatsache, das wir tatsächlich an keinem Ort unserer Heimat mehr Natur vorfinden können, von steilen Lagen der Alpen und einigen winzigen Mooren einmal abgesehen. Um den nächstgelegenen Lauburwald zu sehen, muss man nach Rumänien oder in die Ukraine reisen. Echte Natur gibt es in Mitteleuropa demnach nicht mehr. Diese Formulierung klingt, zugegeben, ein wenig drastisch, aber wenn wir Landschaften nach den vorgenannten Überlegungen bewerten, sollten die Maßstäbe weltweit Gültigkeit haben. Legen wir die Schablone an Länder wie Indonesien, Brasilien, Kanada oder Russland an, fällt die Einstufung schon deutlich leichter. Muss dort der Urwald einer Kulturlandschaft weichen, so fällt es nicht schwer, dieser den Status »Natur« abzuerkennen. Zu Hause ist das bedeutend schwerer. Es tut eben besonders weh zu erkennen, dass die Landschaft, die wir so gern für unsere Erholung nutzen, ein Kunstprodukt darstellt. Daraus den Schluss zu ziehen, es gäbe nichts mehr zu schützen, wäre übereilt. Denn obwohl der natürliche Lebensraum völlig verschwunden ist, sind doch noch viele der ursprünglichen Tier- und Pflanzenarten vorhanden. Bevor wir uns ihnen zuwenden, sollten wir uns eine Theorie anschauen, die alles eben Gesagte auf den Kopf stellen möchte.

Wenn es in Mitteleuropa tatsächlich keine Natur mehr gibt, dann wird es für Naturschützer ganz schön schwierig. Denn diese Aussage entzöge, falls sie allgemein anerkannt würde, allen Aktivitäten in Sachen Naturschutz gewissermaßen die Geschäftsgrundlage. Da tauchte in den achtziger Jahren des vergangenen Jahrhunderts eine neue Theorie auf. »Megaherbivorentheorie« nannte sich der neue Denkansatz, und schon der Name ist so gigantisch, dass sich der Laie nicht weiter damit beschäftigen möchte. Das ist nebenbei eine beliebte Methode der Desinformation: Sachverhalte wissenschaftlich so zu verbrämen, dass niemand, außer vielleicht ganz hartgesottenen Fachleuten, Näheres erfahren möchte. Gleichzeitig klingen die Begriffe so seriös, dass man die daraus folgenden Ableitungen nicht mehr infrage stellt. Deshalb werden wir die Megaherbivorentheorie zunächst einmal verbal auseinandernehmen. Es ist die Theorie von den großen Pflanzenfressern, die in grauer Vorzeit ganze Landschaften entwaldet haben sollen (denken Sie jetzt auch an Oostvaardersplassen?). Aber der Reihe nach. Die Entwicklung der Natur unserer Breiten untersuchen wir am besten in einem Zeitraum von vor 10 000 Jahren bis heute. Wir könnten auch weiter in die Vergangenheit zurückgehen, doch durch die Vereisung weiter Landstriche und das kühle Klima herrschten vor diesem Zeitraum völlig andere Bedingungen. Wollnashorn und Höhlenlöwe sind Vertreter einer Epoche, die zur Klärung der Sinnhaftigkeit der Megaherbivorentheorie wenig beitragen können. Starten wir also 8000 Jahre vor Christus. Das Klima hat sich gerade wieder gewandelt und Mitteleuropa vom Eispanzer befreit. Zunächst ist es aber noch nicht richtig warm, und es entwickelt sich ein lockerer, nordischer Waldtyp aus Birken und Kiefern. Daneben gibt es wenige geschützte Lagen, in denen insgesamt etwa 50 Baumarten ausharren. Mehr ist von der einstigen großen Vielfalt am Ende der Eiszeit nicht mehr übrig geblieben. Im Laufe der nächsten Jahrtausende wird es langsam wärmer, sodass zunächst die Haselnuss, dann zunehmend vor allem Eichen, aber auch Linden und Ulmen die Landschaft dominieren und erste Urwälder bilden. Vor rund 5000 Jahren wird es ein wenig kühler, und Buchen verdrängen, aus ihren südlichen Rückzugsgebieten einwandernd, die Eichenwälder. Die Wanderbewegung gen Norden hielte, hätte der Mensch sie nicht unterbrochen, bis heute an. Mit den neuen Einwanderern beginnt zeitgleich aber auch eine neue Epoche des Menschen: Er wird vom Jäger und Sammler zum Ackerbauern. Das bedeutet, dass von nun an immer stärkere Eingriffe in die Lebensräume erfolgen, an deren vorläufigem Endpunkt wir heute stehen. Die Frage ist nur, ab wann die Aktivitäten so stark wurden, dass sie die natürlichen Abläufe überlagerten. Ab diesem noch festzulegenden Zeitpunkt kann die beeinflusste Landschaft nicht mehr als Natur gelten. Und hier setzen die Verfechter der Megaherbivorentheorie den Hebel an: Sie behaupten, dass erst durch menschliche Aktivitäten Urwald entstanden sei und ohne derartige Beeinflussung Mitteleuropa eine Steppe, durchzogen von schütteren Wäldern und Gebüsch, geblieben wäre. Einzig unzugängliche Areale und steile Gebirgslagen hätten ein grünes Kleid aus Urwäldern getragen. Die heimlichen Herrscher der Urlandschaft waren demnach nicht Bäume, sondern, Sie ahnen es vielleicht bereits, große Pflanzenfresser. Herden von grasenden Auerochsen, Wisenten, Wildpferden und Hirschen zogen demnach über die Grasebenen und vertilgten jeden Baum im

Entstehen. Und fassten dennoch einmal so viele Bäume Fuß, dass ein echter, großer Wald entstand, so wurde dieser nach kurzer Zeit wieder kahl gefressen. Pferde und Hirsche nagten die Rinde von Eiche und Buche ab, bis diese eingingen. Der Baumnachwuchs wurde von den hungrigen Herden ständig gestutzt, indem die Knospen und Triebe abgebissen wurden. So konnte sich bestenfalls Gebüsch, aber kein endloser Urwald entwickeln. Natürlich wissen auch die Vertreter des »Megaherbivorenlagers«, dass Mitteleuropa fast vollständig von Wäldern bedeckt war. Aber ihrer Meinung nach ist daran der Mensch schuld. Bauern der Jungsteinzeit hätten die großen Pflanzenfresser derart gejagt und dezimiert, dass der Wald eine im Plan der Natur nicht vorgesehene Chance erhielt und diese auch kräftig nutzte. Dafür spricht, dass durch Pollenfunde schon vor dieser Zeit das Auftreten von Steppenpflanzen belegt ist. Gleichzeitig gibt es allerdings massive Pollennachweise von Bäumen. Das ist durchaus kein Widerspruch, da es auch in den riesigen Urwäldern immer wieder baumfreie Areale gegeben hat. Das können Sümpfe, steile Berghänge oder Flussauen gewesen sein, in denen reißende Hochwasser Bäumen keine langfristigen Entwicklungschancen gaben. Die Frage ist nur, wie groß die steppenartigen Flecken waren. Dominierten sie, oder waren sie eine Randerscheinung? Es gibt noch ein weiteres Argument, welches für baumlose Gebiete spricht. Auerochse, Wisent und Hirsche sind Herdentiere. Und das Leben in Herden ist eigentlich nur in der Steppe möglich. Sind Sie schon einmal mit einer größeren Wandergruppe abseits der Wege durch dichten Wald gewandert? Dann werden Sie festgestellt haben, dass sich die Gruppe auseinanderzieht und man den Kontakt untereinander verliert. Immer wieder müssen Pausen eingelegt werden, um

auf Nachzügler zu warten, von denen man mangels Blick-
kontakt aber nicht weiß, wann sie kommen. Für Wild-
rinder ist die Situation noch viel bedrohlicher. Denn eine
Herde erregt unter den Raubtieren viel mehr Aufmerksamkeit als einzelne Exemplare. Da gibt es Kontaktrufe,
eine riesige, stark duftende Spur, und vor allem eine
geringe Geschwindigkeit des ganzen Zuges, der immer
wieder auf Nachzügler wartet. Für Wolf und Bär ist das wie
eine Einladung zu einem »All-you-can-eat«-Buffet. Typische Waldtiere wie das Reh, aber auch dessen Feind, der
Luchs, sind mutterseelenallein unterwegs. Nur in der Paa-
rungszeit und während der Aufzucht des Nachwuchses
gibt es kleine Familienverbände aus zwei bis drei Tieren.
Das macht sich auch im Fluchtverhalten bemerkbar.
Während Herdentiere oft über Kilometer davonlaufen,
flüchten einzelgängerische Waldtiere häufig weniger als
hundert Meter. Dann sind sie im dichten Unterholz schon
längst nicht mehr sichtbar und können in Ruhe abwarten,
ob der Verfolger überhaupt nachkommt.

Halten wir also fest: Pollenfunde belegen das Vorhandensein von waldfreien Gebieten, und es gab große Pflanzenfresser, deren Herdenstruktur diesen Befund ebenfalls
stützt. Die Bejagung durch den Menschen könnte dazu
geführt haben, dass deren Anzahl stark abnahm, sodass
der Wald die verwaisten Gebiete zurückerobern konnte. So
weit, so gut. Diese Theorie steht dennoch auf wackeligen
Beinen. Betrachten wir die Situation einmal von der anderen Seite, also weg von den Pflanzenfressern und hin zu
den Bäumen. Die heimischen Waldbäume wie Eiche und
Buche haben einen langen Ausleseprozess über viele Generationen hinter sich gebracht, um zu den Herrschern
der Urwälder zu werden. Eine Reihe von fantastischen Fähigkeiten ermöglicht ihnen seit vielen Millionen Jahren

das Überleben. Eines haben diese Bäume jedoch nicht entwickelt: Abwehrmechanismen gegen Pflanzenfresser. Kein
Gift, kein schlechter Geschmack, keine Dornen und
Stacheln. Völlig wehrlos sind vor allem die Jungbäume
dem Fraß von Hirschen, Pferden und Rindern ausgeliefert.
Wäre die Theorie der großen Pflanzenfresser stichhaltig,
so müssten die heimischen Laubbäume in ständiger Bedrohung gelebt haben, ohne sich zu wehren. Typische
Steppenvertreter wie Schwarzdorn und Weißdorn verraten
dagegen schon durch ihren Namen die Abwehrstrategie.
Auch Kräuter wie Brennnesseln und Disteln haben auf-
gerüstet. Spitze Hohlnadeln, gefüllt mit Gift, leicht ab-
brechende Stacheln, die in der Haut stecken bleiben und
zähe, bittere Fasern gehören zu den Mitteln, sich die
gierigen Fresser vom Hals zu halten. Zudem ist die Verbreitung der Samen per Luftpost durch Wind oder Vögel
möglich, sodass freie Fleckchen, und seien sie noch so weit
entfernt, schnell besiedelt werden können. Buche und
Eiche hingegen geben sich völlig wehrlos. Ihre schweren
Samen plumpsen direkt unter den Mutterbaum und
werden durch Tiere nur wenige Kilometer weit ver-
schleppt. Eine Einwanderung in freie Gebiete zieht sich so
über Jahrtausende hin.

Der einzig zulässige Schluss ist: Es gab nie eine grund-
sätzliche Bedrohung durch grasende Herden. Dafür
spricht ebenfalls, dass ein heimischer Urwald rund 500
Jahre braucht, um sich in einem stabilen Gleichgewicht
einzupendeln. Diese Zeit hätten ihm Millionen von hungrigen Huftieren niemals gegeben. Das Fazit: Trotz des
Nachweises von Steppenpflanzen und großen Pflanzenfressern muss der Urwald dominiert haben. Die auch von
den Vertretern der Megaherbivorentheorie zugebilligten
Vorkommen von Eiche und Buche wären als inselartige

Wäldchen schnell ratzekahl aufgefressen worden. Dass diese wehrlosen Baumarten dennoch überall anzutreffen waren, steht im Widerspruch zu landschaftsgestaltenden Pferde- und Rinderherden. Schade für Jäger und Förster, die diese Theorie gern für eigene Zwecke missbrauchen. So warnte auch der Vorsitzende der Naturschutzorganisation BUND Bayern, Hubert Weiger: »Wir befürchten, dass eine intellektuell spannende naturschutzfachliche Diskussion, ein Theorienstreit, ganz gezielt von Teilen der Landnutzer benutzt wird, um damit naturwidrige Zielsetzungen zu begründen und politisch zu realisieren.«

Wenn die Argumente ausgetauscht sind, ziehen die Verfechter der waldarmen Landschaft noch zwei letzte Asse aus dem Ärmel: Feuer und Sturm. Durch Waldbrände und Stürme, so führen sie aus, seien immer schon große Lücken in die Wälder gerissen worden, auch ganz ohne Pflanzenfresser. Das ist zutreffend, allerdings nicht für Mitteleuropa. Feuer spielt nur dort eine größere Rolle, wo von Natur aus Nadelwälder zu Hause sind. Das sind die riesigen Wälder der nordischen Taiga, aber auch die Trockenwälder im Südwesten der USA. Einige Baumarten sind ausgesprochen gut an Waldbrände angepasst; so haben Gelbkiefer und Mammutbaum eine dicke, flammenhemmende Rinde. Auch Stürme werfen in den nördlichen Wäldern ab und an kleinere Waldgebiete um. So weit stimmt die Argumentation also. Wo sie allerdings irrt, ist in der Übertragung auf mitteleuropäische Laubwälder. Denn unsere Laubbäume brennen in lebendigem Zustand nur äußerst schlecht. Machen Sie doch selbst einmal einen Versuch. Beim nächsten Grillen im Garten können Sie probeweise je einen frischen Zweig eines Nadelbaumes und eines Laubbaumes ins Feuer legen. Der Nadelbaumzweig wird furios aufflammen und verbrennen, während der

Laubbaumzweig lustlos vor sich hinkokelt. Der Grund: Nadelbäume enthalten im Gegensatz zu Laubbäumen sehr viele leicht brennbare ätherische Öle. Diese befinden sich im Harz, flüssigem Naturklebstoff, mit denen Nadelbäume Wunden verschließen und desinfizieren. Dennoch kommt es auch in natürlichen Fichten- und Kiefernwäldern nicht häufiger als etwa alle 200 Jahre zu einem solch gewaltigen Feuer, dass die meisten Bäume verbrennen und größere Freiflächen entstehen. Die Waldbrände der heutigen Zeit gehen nach Angaben der Naturschutzorganisation World Wide Fund For Nature (WWF) zu 96 Prozent auf menschliche Ursachen zurück. Und Stürme als natürlicher Grund für Waldlücken sind allenfalls in künstlichen Fichtenforsten die Regel. Dort wurzeln die heimatfernen Nadelbäume auf ehemaligen Ackerböden meist flach, weil sie die verdichtete Kulturerde nicht mehr zu durchdringen vermögen. Schon ein durchschnittlicher Herbststurm bringt solche eng gepflanzten Wackelkandidaten in Lebensgefahr. Mit den in sich ruhenden europäischen Lauburwäldern hat dies alles nichts zu tun. Deren Zustand ändert sich über lange Zeiträume generell nicht flächig; nur einzelne Altbäume geben nach Jahrhunderten ruhigen Lebens mit ihrem Tod den Platz an den schon unter der Krone wartenden Nachwuchs ab. Und das ist bei allen Urwäldern der Erde ähnlich. Selbst in den Tropen sind die Urwaldriesen trotz eines möglichen raschen Wachstums häufig mehrere Hundert Jahre alt. Die unendliche Taiga, die riesigen Regenwälder: Sollen diese Landschaften auch nur deshalb entstanden sein, weil dort lebende Menschen, beispielsweise sibirische Ewenken oder Yanomami-Indianer, in den vergangenen Jahrtausenden große Herden von Pflanzenfressern abgeschossen haben? Und wie konnten sich, vorausgesetzt die Theorie wäre richtig, so viele Tier-

und Pflanzenarten entwickeln, die auf das Vorhandensein großer, zusammenhängender Waldgebiete angewiesen sind? Alle Anhaltspunkte und Hinweise ergeben ein Bild, welches meiner Meinung nach das wahrscheinlichste ist: Vor den starken Eingriffen des Menschen war Mitteleuropa von dichten Urwäldern bedeckt, die vor allem nach Norden hin von Moorgebieten begleitet wurden. Hinzu kamen Flussauen mit einem aufgelockerten Baumbestand, verursacht durch Hochwasser oder auch Treibeis im Winter. Der Großteil der vorhandenen Arten war dem Urwaldtypus zuzurechnen, während in geringerer Anzahl auch große Pflanzenfresser die Täler und Moore durchstreiften. Und wenn wir heutzutage Artenschutz betreiben wollen, dann sollten wir zunächst einmal schauen, wie viel von der ursprünglichen Vielfalt überhaupt noch zu retten ist.

Intermezzo

Das vorangegangene Kapitel war schwere Kost, zugegeben. Vielleicht möchten Sie jetzt erst einmal einen Verdauungsspaziergang machen. Also ab vor die Tür und raus ins Grüne. Wenn Sie sich dabei vor Augen halten, dass es nirgends in Ihrem Umfeld, sofern Sie das Buch nicht fern der Heimat lesen, echte Natur gibt, erscheint die Landschaft möglicherweise in neuem Licht. Grüne Wiesen und Felder, romantische Weinberge oder stille Fichtenwälder, Eichenhaine und wasserdurchströmte Auen: alles Kulturlandschaften. Trotz üppiger Artenvielfalt, bunter Schmetterlinge und Vogelgezwitscher beschleicht mich bei manchen Spaziergängen ein wehmütiges Gefühl. Ich muss, vielleicht durch meinen Beruf als Förster verstärkt, an die alten

Wälder denken, die einst dort standen, wo nun das Auge hindernisfrei über Berg und Tal schweifen kann. Es ist nicht so, dass ich mich in solcher Landschaft nicht erholen könnte oder diese gar abstoßend finden würde. Nein, lediglich das Geheimnisvolle, unterschwellig vielleicht sogar Bedrohliche einer Wildnis, welches einem Naturerleben die rechte Würze zu geben vermag, fehlt mir. Und ich kann mich einfach nicht damit abfinden, dass der Traum von einem wilden Mitteleuropa, wenigstens in der Größenordnung von einigen Prozenten der Landesfläche, ausgeträumt sein soll.

Die letzten Mohikaner

Bei unserer Suche nach Ursprünglichkeit haben wir uns überall im Land umgesehen. Moment, das ist so nicht ganz richtig. Wir haben uns überall auf dem Land umgesehen, aber was ist darunter? Die Erde ist schließlich ein dreidimensionales Gebilde, und tatsächlich sind in den Stockwerken unter unseren Füßen weitere große Lebensräume verborgen. So wurden Bakterien, Viren und Pilze bis in dreieinhalb Kilometer Tiefe nachgewiesen. Geht man 500 Meter abwärts, so trifft man noch auf mehrere Millionen dieser Lebewesen pro Kubikzentimeter Material. In den lichtlosen Tiefen spielt Sauerstoff für die Atmung keine Rolle mehr, und die Nahrung besteht in vielen Fällen aus dem, was wir Menschen uns gerne holen: Öl, Gas und Kohle. Das Leben in diesem verborgenen Ökosystem ist bis heute kaum erforscht, und von den beteiligten Arten kennt man nur einen winzigen Bruchteil. Nach ersten groben Schätzungen könnten die Gesteinsschichten zehn Prozent der gesamten lebenden Biomasse der Erde beheimaten.

Und zumindest in größeren Tiefen können wir annehmen, dass eine massive Beeinflussung durch menschliche Tätigkeiten mangels Möglichkeit bisher noch nicht stattgefunden hat, sehen wir von den wenigen Kohlebergwerken und Tagebauen einmal ab. Im Untergrund verbirgt sich ein weiteres Teilsystem, in dem wir schon ein wenig mehr herumfuhrwerken: das Grundwasser. Neuere Forschungen bescheinigen ihm, Lebensraum für eine überraschende Vielfalt an Krebsen und anderem Kleingetier zu sein. Blind paddeln sie durch die dunklen Ströme und sind über das Trinkwasser möglicherweise auch schon einmal in Ihrem Frühstückskaffee gelandet. Große Teile der unterirdischen Ströme sind sicher noch unberührt, aber in Siedlungsnähe hat es schon dramatische Veränderungen gegeben. Zum einen sickern Schadstoffe aus Landwirtschaft und Industrie in den Untergrund, zum anderen werden jeden Tag gewaltige Mengen abgepumpt. Allein in Deutschland rauschen täglich fast zehn Millionen Kubikmeter aus den Wasserhähnen. Hinzu kommen noch industrielle Nutzungen sowie Tagebaue, aus denen nachschießendes Grundwasser in unvorstellbaren Größenordnungen entfernt wird. 550 Millionen Kubikmeter waren es 2004 alleine in den Braunkohletagebauen bei Köln; das ist die anderthalbfache Menge des gesamten Trinkwasserverbrauchs Deutschlands. Eine Fläche von mindestens 3000 Quadratkilometern war davon im Untergrund betroffen. Und in jedem Kubikmeter tummeln sich unerforschte Lebewesen, deren Einfluss auf Naturkreisläufe wir nicht kennen. Dennoch gibt es große Regionen, in denen das Grundwasser noch intakt ist, und zusammen mit den tiefen Bodenschichten sind es tatsächlich die letzten unberührten Lebensräume Mitteleuropas. Echte Natur ist demnach nicht weit von Ihnen entfernt, näher als der nächste Nationalpark oder das nächste Naturschutzgebiet, und doch unerreichbar. Kommen wir daher wieder zu unserem eigenen Ökosystem, der Landoberfläche, zurück.

Sympathieträger und Ekelpakete

Die größte Verantwortung für unser Naturerbe betrifft heimische Urwaldarten. Um den Umfang unserer moralischen Verpflichtung zu kennen und letztendlich auch zu handeln, sollten die letzten Reste der noch vorhandenen Arten ausfindig gemacht werden. Nur die Kenntnis ihrer Ansprüche macht einen sinnvollen Schutz möglich. Und hier kommt gleich der erste Offenbarungseid: Man kennt bis heute auch nicht annähernd die verbliebene Flora und Fauna. Gewiss, von den großen Tieren ist keine Art unserer Aufmerksamkeit entgangen. Da gibt es solche, die keines Schutzes bedürfen, weil sie auch in unseren Kunstforsten überleben können. Rehe und Füchse kommen bisher prima zurecht und profitieren sogar von der Ausrottung von Wolf und Bär. Die Letztgenannten sind dagegen ohne besondere Fürsorge nicht zurückzubekommen. Offenbar haben doch zu viele von uns das Märchen vom Rotkäppchen gelesen, das sich ungebeten und hartnäckig im Hinterstübchen festgesetzt hat. Nur so ist es zu erklären, dass regelmäßig eine Hysterie unter der betroffenen Bevölkerung ausbricht, sobald ein Wolf im heimatlichen Waldgebiet auftaucht. Hobbylandwirte sehen ihre Schafe gefährdet, und, schlimmer noch, Eltern ihre spielenden Kinder. Fünf kleine Rudel mit zusammen etwas mehr als 40 Tieren sind momentan in Brandenburg und Sachsen unterwegs, überwiegend auf Truppenübungsplätzen. Dort sind sie nämlich, vom Panzerlärm abgesehen, weitgehend ungestört vor ihrem schlimmsten Feind, dem Menschen. Für Kinder besteht keine Gefahr, da der Wolf Zweibeiner meidet. Schafhalter hingegen, die ihre Schafe nicht oder nur unzureichend schützen, brauchen sich nicht zu wundern, wenn Isegrim die Einladung zum Abendessen bereitwillig annimmt. Bruno, dem Bären, erging es nicht anders. Auch er fühlte sich, 2006 aus Österreich eingewandert, durch bayerische Hühner, Bienenstöcke und Schafe eingeladen, wurden sie ihm doch leicht zugänglich präsentiert. Noch bevor er erfahren konnte, dass man sich menschlichen Behausungen besser nicht nähert, wurde er erschossen. Wenden wir unseren Blick von den spektakulären Großsäugern ab und schauen zum gemeinen Fußvolk. Es befindet sich tatsächlich unter Ihren Füßen, wenn Sie durch den Wald spazieren. Die Angehörigen dieser Kaste eignen sich allerdings nicht zum Kuscheln oder als Sympathieträger für Protestaktionen. Springschwänze, Asseln, Bakterien, Pilze, Hornmilben und Fadenwürmer rufen eher Ekel hervor. Können Sie sich vorstellen, für Springschwänze der Art Protaphorura christiani ein Naturschutzgebiet einzurichten? Mal abgesehen davon, dass sie außer dem lateinischen Namen keine »richtige« Bezeichnung haben, würden die meisten von uns das wohl für völlig überzogen halten. Und doch sind diese kleinen Kerlchen viel wichtiger als Wolf und Bär. Denn zusammen mit den Heerscharen der anderen Kleinstlebewesen verhindern sie, dass der Wald am eigenen Müll erstickt. Tonnenweise schweben im Herbst die Blätter der Bäume zu Boden, bevor sich die Riesen unter den Pflanzen in den Winterschlaf begeben. Zu ihren Füßen wird die bunte Pracht schon sehnsüchtig erwartet. Denn die ausrangierten Sonnensegel sind Leckerbissen für eine Vielzahl von Arten. Sie zerlegen und verdauen innerhalb von ein bis drei Jahren die komplette Masse und scheiden sie als Humus, wertvollen Pflanzendünger, wieder aus. Prima für die Bäume, denn so geht ihnen der Vorrat an Nährstoffen nie aus. Zudem speichert humushaltiger Boden enorm viel Wasser. Kaum vorzustellen, was passieren würde, wenn die kleinen Fresser eines Tages verschwinden würden. Wahrscheinlich käme der komplette Kreislauf des Lebens zum Erliegen. Wie viele verschiedene Arten es sind? Das weiß bis heute niemand. Ja, auch bei uns gibt es noch eine Menge unbekannter Arten zu entdecken. Es ist natürlich deutlich unspektakulärer, im Boden herumzuwühlen und später unter dem Mikroskop bei Milben und Würmern Unterschiede zu bereits bekannten Arten zu erkennen, als auf einer Expedition durch den Regenwald eine neue Affenart zu entdecken. Dennoch sollte man dies dringend forcieren. Echte Urwälder gibt es ja bei uns nicht mehr, und damit auch keine unbeeinflussten Urwaldböden. Nur wenige alte Buchenwälder sind zumindest noch einigermaßen intakt, sodass in deren Boden eine Menge des alten Artenreichtums vermutet werden darf. Eine Unterschutzstellung und gleichzeitige sehr intensive Erforschung ist für diese urwaldnahen Wälder dringend angeraten. Also plädiere ich doch für Springschwanz-Schutzgebiete!

Im Schlepptau

Arten, die vom Wirken des Menschen gefördert werden, bezeichnet man als Kulturfolger. Es gibt keine randscharfe Abgrenzung zu Urwaldarten, denn auch etliche hierunter fallende Tiere und Pflanzen können durch die Kulturlandschaft massiv unterstützt werden. Als beispielhafter Vertreter kann das Wildschwein gelten. Schon seit Urzeiten spielte es eine wichtige Rolle für den Speiseplan des Menschen, der aus ihm schließlich das Hausschwein züchtete. Durch starke Bejagung war es bis vor wenigen Jahrzehnten vielerorts verschwunden. In vielen Teilbereichen Deutschlands, Österreichs und der Schweiz suchte man in der ersten Hälfte des vergangenen Jahrhunderts vergeblich nach den grauen Wühlern. Die intensive Landwirtschaft, speziell der Maisanbau auf riesigen Feldern, hat eine zahlenmäßig überwältigende Rückkehr ermöglicht. Maisfelder sind das Schlaraffenland für die Borstentiere. In den hohen Gewächsen vor allen Blicken verborgen, können sie die gesamte warme Jahreszeit darin verbringen. Der Tisch ist stets reichlich gedeckt, Jäger haben im dichten Bewuchs keine Zugriffsmöglichkeit, und der eigene Nachwuchs lässt sich sorgenfrei großziehen. Die kalte Jahreszeit wird durch reichliche Futtergaben der Waidmänner entschärft, sodass eine regelrechte Explosion des Bestandes die Erschließung neuer Lebensräume notwendig macht. Die Presse der vergangenen Jahre lässt die Expansion nachverfolgen: Wütende Winzer, deren reife Trauben aufgefressen werden, hilflose Städter mit zerwühlten Vorgärten, fassungslose Berliner mit vierbeinigen Irrgästen sogar auf dem Alexanderplatz. Andere Urwaldarten wie Rehe, Füchse, aber auch seltene Orchideen profitieren ebenfalls von den Veränderungen.

Lenken wir unseren Blick auf Arten, die erst durch die Kulturlandschaft in großer Zahl heimisch wurden. Hamster, Hase, Haselhuhn: Das ist der tierische Dreiklang, der im Gefolge des Menschen ertönte. Das gerodete Land wurde von der Römerzeit bis Anfang der fünfziger Jahre des vergangenen Jahrhunderts mit vergleichsweise primitivem Gerät bearbeitet. Pflüge mit einer dürren Milchkuh oder bei reichen Bauern mit Pferd als Zugtier kratzten den

Boden mehr auf, als dass sie ihn tief greifend veränderten. Zudem wurde immer nur eine geringe Fläche pro Tag bearbeitet, sodass die tierischen Untermieter ohne Hast auf die nächste Parzelle umziehen konnten. Und das »Kellergewölbe«, die tiefen Bodenschichten, bot Hamster und Co eine sichere Zuflucht. Aus dieser Zeit stammt übrigens auch die Flächeneinheit »Morgen«. Ein Morgen, 50 mal 50 Meter groß, ist die Parzellengröße, die an einem Arbeitstag bearbeitet werden konnte. Aus Sicht der Steppenarten verhinderte der Mensch mit seiner Arbeit die Rückkehr des Waldes. Gewiss, völlig verschwunden war dieser nicht. Er hatte nur durch starke Übernutzung so viele Bäume verloren, dass er einem lichten Park glich. Die wenigen großen Bäume hatten reichlich Platz, sodass sie riesige Kronen mit knorrigen Ästen bekamen. Dies ist zwar völlig untypisch für Urwaldbäume, da diese im Halbschatten schlank und rank aufwachsen, dennoch hat sich dieses Bild mächtiger einzelner Eichen seit den Zeiten der Romantik als typisches Bild der Ursprünglichkeit des Waldes in unseren Köpfen festgesetzt. In diesen lichten Wäldern, wenn sie noch so genannt werden konnten, fanden Wildhühner wie das Haselhuhn beste Bedingungen vor. Auch Hasen liebten das Wechselspiel von Wiesen, Waldrändern und lockerem Baumbewuchs. Vor rund zweihundert Jahren war der tief greifende Wandel der Landschaft vom Urwald zu einer Agrarsteppe weit fortgeschritten. Da Kunstdünger noch unbekannt war, hagerten die fruchtbaren Waldböden nach der Rodung schnell aus, sodass Ackerbau nach wenigen Generationen kaum noch möglich war. Es folgte eine Beweidung mit Schafen, Rindern und Ziegen, wodurch der Erde weitere Nährstoffe entzogen wurden. Ganze Landstriche verödeten und wandelten sich zu Heideflächen, deren Strauchbewuchs aus Wacholderbüschen und Heidekraut bestand. Nur diese beiden Gewächse vermochten den gierigen Mäulern hungriger Schafe standzuhalten. Hungersnöte der Landbevölkerung waren an der Tagesordnung und führten im 19. Jahrhundert zu Auswanderungswellen in Richtung USA. Für die Tierarten der Steppe war es eine Blütezeit. Geringe menschliche Siedlungsdichten in Kombination mit geringsten Waldresten ergaben in ganz Mitteleuropa riesige Lebensräume mit Idealbedingungen. Das änderte sich innerhalb weniger Jahre. Um 1950 lösten auch in entlegenen Gebieten Traktoren die Viehgespanne ab. Die mühevolle Arbeit wurde leichter, und so konnten die Bauern ihre Flächen intensiver bewirtschaften. Wiesen wurden zu Äckern, welche man mit großen Gaben an Kunstdünger aufwertete. Produktion und Einkommen stiegen rasch an. Die Verlierer waren die Steppenarten. Zwar gab es noch riesige Agrarsteppen; diese wurden jedoch durch die maschinelle Bearbeitung völlig verändert. Nahrung war zwar reichlich vorhanden, eine ungestörte Aufzucht der Jungen jedoch immer weniger möglich. Und die Intensivierung der Landwirtschaft schreitet unaufhörlich voran. Jede neue Generation von Traktoren ist leistungsfähiger und damit schwerer als ihre Vorgänger, immer tiefer gehen die Pflüge und die Verdichtungen des Bodens durch das Maschinengewicht. Die sogenannte Flurbereinigung führt zur Bildung immer größerer Parzellen. Bei diesem Verfahren, geleitet von »Flurbereinigungsbehörden«, werden die durch Erbteilung von Generation zu Generation immer kleiner werdenden Äcker und Wiesen zwangsweise zusammengelegt. Der Grund: Je größer die Parzelle ist, desto sinnvoller lässt sich diese mit großen Maschinen bearbeiten. Dagegen ist prinzipiell nichts einzuwenden, aber die Lebensräume von Hase und Hamster schrumpfen dadurch von Jahr zu Jahr.

Und damit sind wir an der Achillesferse der kultur-
folgenden Steppenarten angekommen. Im Gegensatz zum
Lebensraum der ursprünglichen Arten ist ihre Umwelt
ausschließlich vom Menschen abhängig. Mit den sich
ändernden Arbeitsmethoden ändern sich auch die Lebens-
bedingungen rapide. Exakt hier greift der Naturschutz mit
seinen Maßnahmen zum Erhalt alter Kulturlandschaften
ein. Und tappt in die nächste Falle ...

Invasion

Killerpflanzen greifen kleine Kinder an. So oder ähnlich
könnte der Titel für einen Horrorfilm lauten. Tatsächlich
tauchten vor 30 Jahren immer häufiger Berichte über Kinder auf, die sich beim Spielen im Freien heftige Verbren-
nungen durch Pflanzen zuzogen. Die Herkulesstaude,
eine majestätische Blütenpflanze von bis zu vier Metern
Höhe, gekrönt von riesigen weißen Doldenblüten bis zu
60 Zentimetern Durchmesser, war der Verursacher dieser
Hautverletzungen. Die bis zu zehn Zentimeter dicken
Stängel luden geradezu ein, sie abzubrechen und als Blas-
rohr an den Mund zu setzen. Der Pflanzensaft reagierte
unter der Einwirkung von Sonnenlicht so aggressiv auf der
Haut, dass sich ähnlich einer Verbrennung Rötungen,
Blasen und nach dem Abheilen teilweise sogar Narben
bildeten. Schon der bloße Aufenthalt an einem heißen
Sommertag unter den Schatten spendenden Blättern ver-
hieß Ungemach: Die von der Pflanze ausgedünsteten Sub-
stanzen erzeugten dieselben Symptome wie der direkte
Kontakt mit ihrem Saft. Das alles würde heute natürlich
immer noch passieren, aber mittlerweile ist die Bevölkerung gewarnt: Der einstige Liebling von botanischen

Gärten, Imkern und Hausbesitzern ist in Ungnade gefallen. Seinen Siegeszug durch Mitteleuropa trat diese Staude im Kaukasus, ihrer ursprünglichen Heimat, an. Zwei französischen Botanikern wird nachgesagt, die ersten Exemplare in unsere Breiten gebracht zu haben. Zunächst nur in wissenschaftlichen Einrichtungen angepflanzt, wurde die Herkulesstaude um 1960 dann für die Allgemeinheit als Zierpflanze interessant. Bis vor kurzem fand man in einigen Katalogen und Gartencentern Saatgut und Sämlinge dieser gefährlichen Schönheit. Und diese bemüht sich, die Aufmerksamkeit mit einer Fülle von Samen zu danken. Bis zu 30 000 Stück produziert so eine Pflanze jährlich. Die kleinen Pakete sind leicht und schwimmfähig, wodurch rasch ganze Uferzonen von Bächen und Flüssen besiedelt werden können. Der Geist ist aus der Flasche, und niemand weiß, wie er wieder eingefangen werden kann. Überall in Mitteleuropa breitet sich das Gewächs aus und verdrängt durch den Riesenwuchs große Teile der Vegetation so mancher heimischer Fließgewässer. Nebenbei trägt es auch zur Destabilisierung der Ufer bei, da sein Wurzelwerk das Erdreich nicht festhält.

Die Herkulesstaude ist aber nicht allein geblieben. Weitere Neophyten, wie die Zuwanderer wissenschaftlich heißen, haben unsere Landschaften besiedelt. Das indische Springkraut, eine hübsch rosa blühende, bis zwei Meter große Pflanze aus dem Himalaja, hat eine ähnliche Erfolgsgeschichte aufzuweisen. Ebenfalls als Zierpflanze eingebürgert und dann in die Wildbahn entwichen, besiedelt es wie die Herkulesstaude bevorzugt Bachufer. Einziger Vorteil: Das indische Springkraut ist nur schwach giftig. Genauso wie der japanische Knöterich, ein bis zu vier Meter großes Gewächs aus Fernost. Auch hier die gleiche Geschichte: eingebürgert, wuchert er ganze Bachläufe zu und erstickt so die heimischen Pflanzen. In Österreich erklimmt er sogar die Berge und besiedelt Almen bis auf 1500 Meter Höhe. Die Liste kann man ständig erweitern: Kanadische Goldrute, Schmetterlingsstrauch, Traubenkirsche und viele andere Arten mehr. Ihnen allen ist gemein, dass Liebhaber sie einst importierten, ohne sie im eigenen Garten festhalten zu können. Durch ihren Konkurrenzvorteil gegenüber heimischen Arten sehen sich Naturschützer zum Kampf gegen diese Invasoren aufgerufen. Ganze Landkreise verschreiben sich der Bekämpfung dieser herben Schönheiten. Und doch will eine Eindämmung nicht gelingen.

Einen letzten Fall gibt es noch zu berichten. Bei der Ausbreitung einer amerikanischen Baumart, der spätblühenden Traubenkirsche, spielt die Jagd eine ganz erhebliche Rolle. Dieser Baum, bis zu zwanzig Meter hoch und im Herbst mit schwarzen Kirschen behangen, schickt sich an, ganze Waldgebiete im nördlichen Mitteleuropa zu unterwandern. Bereits im 17. Jahrhundert als Ziergehölz importiert, wurde er ab 1890 auch als Plantagenbaum in mitteleuropäischen Wäldern versuchsweise angebaut. Da der Baum fern der Heimat nicht die gewünschten langen Stämme bildete, ließen die Förster wieder von ihm ab. Bis heute wird die Traubenkirsche an Straßenböschungen oder auch auf rekultivierten Flächen ehemaliger Tagebaue angepflanzt. Vögel, aber auch Säugetiere wie der Fuchs, die die Kirschen fressen, tragen über die ausgeschiedenen Samen zu einer lebhaften Verbreitung des Baumes bei. Allein in Brandenburg hat er mittlerweile 300 Quadratkilometer flächendeckend erobert. Er wird allerdings nicht besonders groß; die schon zuvor erwähnten 20 Meter reichen nicht im Konkurrenzkampf mit heimischen Arten, wie etwa der Rotbuche. Diese wächst den Neuankömmling mit ihren 40 Metern geradezu tot, indem sie sich über ihn schiebt und mit ihrem dichten Blätterwerk regelrecht das Licht ausknipst. Eigentlich ist die spätblühende Trauben-kirsche also hoffnungslos unterlegen. Eigentlich. Denn jetzt kommen die Jäger ins Spiel. Im Kapitel »Trittbrett-fahrer« haben Sie erfahren, wie die Waidmänner die Zahl der Rehe und Hirsche im Jagdrevier nach oben treiben, um über möglichst viele Trophäenträger, also männliche Tiere mit großen Geweihen, zu verfügen. Und über den Hunger dieser Tiere auf Laubbaumknospen haben wir auch schon gesprochen. Besonders gut schmecken ihnen die frischen Triebe von Eichen und Buchen. Zur Not werden auch die Knospen von Fichten und Kiefern nicht verschmäht. Ab-solut unbeliebt sind dagegen die jungen Traubenkirschen; sie schmecken weder Hirschen noch Rehen. Und jetzt setzt der gleiche Effekt ein wie auf einer überweideten Wiese: Wo Kühe das saftige Gras wegfressen und nur noch Brennnesseln oder Disteln übrig lassen, sind es im Wald analog dazu die Traubenkirschen, die das Terrain erobern. Die lästige Konkurrenz heimischer Laubbäume wird ihnen zuverlässig von den unnatürlich hohen Beständen der großen Pflanzenfresser vom Hals gehalten. Interessanter-weise scheint kaum ein Förster auf die Idee zu kommen, im Fehlen von Buche und Eiche, verursacht durch Heer-scharen hungriger Rehe, das eigentliche Problem zu sehen. Vielmehr wird der spätblühenden Traubenkirsche eine gnadenlose Durchsetzungsfähigkeit gegenüber den heimischen Baumarten unterstellt. Entsprechend werden auch nicht die jagdlichen Verhältnisse geändert und die Wildtierzahlen auf ein natürliches Niveau zurückgeführt, sondern die althergebrachten Bekämpfungsmethoden ge-gen unerwünschte Pflanzen aus der Mottenkiste geholt. Abhacken, maschinell zerfräsen, vergiften, die Fachzeit-schriften überschlagen sich mit gut gemeinten Ratschlägen und Studien zu diesem Thema. All dies hat den Siegeszug der Traubenkirsche bis heute nicht bremsen können. Unaufhaltsam breitet sie sich weiter in den Wirtschaftswäldern Mitteleuropas aus. Sind wir den pflanzlichen Invasoren chancenlos ausgeliefert? Ganz so dramatisch ist die Lage nun auch wieder nicht. Offensichtlich haben all die zugezogenen, nun nicht mehr willkommenen Neubürger eines gemein: Sie sind auf Kulturlandschaften angewiesen. Diese Landschaften wurden vom Menschen sogar eigens für sie angelegt. Denn Kartoffeln, Mais, Gerste und viele andere Agrarpflanzen sind ebenfalls aus anderen Erdteilen importiert und hier eingebürgert worden, genau wie die Herkulesstaude und die anderen in Ungnade gefallenen Gäste. Der entscheidende Unterschied: Die zu bekämpfenden Arten tanzen nicht nach unserer Pfeife, sondern verlassen die ihnen zugewiesenen Areale. Ein typisches Problem menschlicher Aktivitäten. In einem europäischen Urwald hingegen hätten sie keine Chance, auch nur annähernd Fuß zu fassen. Wo aber die Baumriesen mit ihrem Schattenwurf fehlen, wo der Mensch ständig Büsche und Bäume entfernt sowie hier und da auch die Grasnarbe, da können sich diese Lebenskünstler ungehemmt ausbreiten. Die einfachste Bekämpfungsmöglichkeit wäre demnach die Rückkehr natürlicher Wälder. Vielleicht zu einfach. Und so wird vielerorts vonseiten des Naturschutzes gegen die Einwanderer und gleichzeitig gegen die Wiederbewaldung gekämpft. Eine Sackgasse, aus der sich bisher niemand heraustraut.

Keine Sorge, ich fange jetzt nicht auch noch mit Kochtipps
à la Tim Mälzer an. In diesem Kapitel will ich Ihnen
vielmehr etwas über die Problematik des Schutzes von
Kulturfolgern, den Arten, die von der Nähe zum Menschen
profitieren, berichten. Wir haben am Anfang verschiedene
Methoden zum Erhalt alter Kulturlandschaften kennengelernt. Auch wenn neben dem Wanderschäfer Pferde, Feuer
oder Panzerketten zum Einsatz kommen, entspricht das
Ergebnis wenigstens annähernd dem Bild vergangener
Zeiten. Für Kulturfolger ist das eine echte Hilfe, für Urwaldarten dagegen eine Katastrophe. Aus den vorangegan-
genen Kapiteln könnte man schließen, dass nicht heimische Arten beim Naturschutzgedanken unberücksichtigt
bleiben sollten. Ganz so radikal sehe ich die Sache nicht. In
Ausnahmefällen kann auch der Schutz nichtheimischer
Arten hier bei uns sinnvoll sein. Lassen Sie mich das an
einem Beispiel erklären. Das am stärksten kultivierte Biotop seltener Arten ist der Zoo. Der größte Teil der dort ver-
sammelten Lebewesen stammt aus fernen Ländern, zählt
also nicht zu unserer Natur. Dennoch tragen Zoos bei
einzelnen Arten maßgeblich zu deren Überleben bei. Eine
Art, die heute nur deshalb noch auf unserem Planeten
wandelt, ist der Davidshirsch. Er ist fast so groß wie der europäische Rothirsch, trägt aber im Gegensatz zu diesem
ein auffällig nach hinten gerichtetes Geweih, quasi falsch
herum. In seiner ursprünglichen Heimat China wurde er
schon vor Jahrhunderten ausgerottet. Einige wenige Exemplare überlebten in europäischen Tiergärten, so auch dem
des Herzogs von Bedford in England. Dieser bemühte sich
sehr um eine Vergrößerung der Herde und wurde durch
andere Züchter unterstützt, die ihm ihre Tiere zur Ver-

fügung stellten. Auf diese Zucht gehen alle heute noch vorhandenen Davidshirsche zurück, die mittlerweile wieder in ihrer Heimat China zwei Nationalparke besiedeln. Und die Moral von der Geschichte: Ist eine Art im Ursprungsgebiet bedroht oder gar ausgestorben, kann ihr Schutz in fernen Gestaden, also beispielsweise bei uns, gerechtfertigt sein.

Schutz kann natürlich nicht nur in Zoos, sondern auch in alter Kulturlandschaft erfolgen. Das ist bei der Großtrappe, einem der schwersten flugfähigen Vögel der Welt, erfolgreich praktiziert worden. Die Bestandszahlen dieses bis zu 20 Kilogramm schweren Steppentieres sehen in keinem seiner Verbreitungsgebiete wirklich gut aus. In Deutschland und Österreich existieren jeweils rund 100 von ihnen, Tendenz steigend. In Brandenburg war für diesen Trend kein Aufwand zu hoch. Der Bau einer neuen Eisenbahnstrecke wurde viele Millionen Euro teurer, um Schutzwälle, besondere Oberleitungsmasten und neue Schutzgebiete zu finanzieren. Das ist meiner Meinung nach auch völlig in Ordnung.

Ganz anders sieht die Situation aber bei Arten aus, die zum einen Kulturfolger und zum anderen nur hier, nicht aber in ihrem natürlichen Verbreitungsgebiet gefährdet sind. Ihr Schutz dient weder dem Erhalt der Natur noch dem Erhalt der Art. Das Haselhuhn ist so ein Vertreter. Nichts gegen diesen liebenswerten Wildvogel, der in Mitteleuropa sehr selten geworden ist. Er mag Waldlandschaften mit vielen Weiden, Erlen und Birken, zu dicht sollte der Baumbewuchs jedoch nicht sein. Solche Wälder gibt es beispielsweise in Norwegen, Schweden, Finnland und Russland. Diese »Taiga« genannte Vegetationsform, in der sich Moore, niedrige Gebüsche und Wälder abwechseln, findet man aber auch in den Alpen und den Höhenlagen des angrenzenden Bayerischen Waldes. Kein Wunder, gleicht doch das Klima in den höheren Etagen dieser Gebirge dem hohen Norden. Überall hier fühlt sich das kleine Wildhuhn pudelwohl. In vergangenen Jahrhunderten plünderte die verarmte Landbevölkerung auch in den Mittelgebirgen wie Eifel, Sauerland oder der Schwäbischen Alb den Wald derart, dass sich taigaähnliche Verhältnisse ergaben. Jedenfalls aus Sicht des Haselhuhnes. Denn jetzt wechselten sich überall, nicht nur im Gebirge, offene Flächen mit Weidengebüschen und kleinen Waldinseln ab. Durch die herrschende Brennholznot hackten die Bauern ihre Wälder alle 20 bis 40 Jahre ab. In den Ruhephasen schlugen die Baumstümpfe mit tausenden neuen Trieben wieder aus, sodass ein junger Wald nachwachsen konnte.

Niederwaldwirtschaft nannte man dieses Vorgehen, da der Wald nie richtig groß werden durfte. Für den knospenfressenden Vogel ein idealer Lebensraum, den er auch tüchtig nutzte. So war das Haselhuhn noch vor hundert Jahren weit verbreitet. Mittlerweile haben sich die schwer verwüsteten Eichen- und Buchenwälder wieder erholt; die letzten Kahlhiebe liegen in den meisten Flächen schon viele Jahrzehnte zurück. Gebüsche wurden zu Wäldern, und diese immer dunkler und dichter. Weidengebüsche, lichte Haine und Moore verschwanden zusehends. Durch den Mangel an Nahrung und geeigneten Brutgebieten zog sich das Haselhuhn wieder dahin zurück, wo es auch heute noch nicht gefährdet ist: Österreich, die Schweiz und der bayerische Alpenraum gelten zusammen mit dem Bayerischen Wald als Hochburgen des kleinen Vogels. Ganz abgesehen von den endlosen Weiten der nordischen Taiga, in denen er nie gefährdet war.

Der private und amtliche Naturschutz wollte sich jedoch mit dem Rückzug des Haselhuhnes aus den übrigen Gebieten nicht abfinden, denn das wäre dort ja ein Verlust an

Artenvielfalt gewesen. Kreativ entwickelte man ein besonderes Konzept: Haselhuhntaschen. Was sich so harmlos anhört, sind kleine Kahlschläge in ehemaligen Brennholzwäldern. Aus der Luft sieht es so aus, als hätte jemand lauter quadratische Stoffteile aus einem alten Mantel geschnitten. Und schon wird aus einem geschlossenen Wald wieder ein lockerer Baumbestand. Wie früher treiben aus den alten Stümpfen ungezählte Triebe mit saftigen Knospen. In der Regel machen sich aber keine Haselhühner mehr darüber her, denn die sind längst fort. Allein die Mutmaßung über ein mögliches Restvorkommen rechtfertigt ein derartiges Vorgehen. Maßnahmen auf wenigen Quadratkilometern können jedoch keine stabilen Wildhuhnbestände mit Hunderten Individuen zurückholen. Aber für andere kommt das wie gerufen. Hirsche und Rehe, durch Trophäenjäger fleißig im Bestand vermehrt, machen sich über die jungen Schösslinge her. Und das so gründlich, dass im Gegensatz zu den guten alten Zeiten, als Haselhühner noch dieses Geschäft besorgten, die alten Baumstümpfe schließlich absterben. Verbuschtes Grasland ist alles, was man der Öffentlichkeit mit dem Rezept der Haselhuhntaschen servieren kann. Moment, da gibt es noch etwas: Diese Naturschutzmaßnahme lässt sich sogar noch verkaufen. Werden Wälder für Autobahnen gerodet, so sieht der Gesetzgeber vor, dass die Beeinträchtigung der Natur ausgeglichen werden muss. Eine der anerkannten Maßnahmen ist tatsächlich die Anlage solcher Kahlschläge.

Nur noch einmal zur Verdeutlichung: Zum Ausgleich der Kahlschläge für Großprojekte werden Kahlschläge in nicht betroffenen Wäldern durchgeführt für Arten, deren Bestand weltweit nicht gefährdet ist. Der Eremit, ein heimischer Urwaldvertreter unter den Käfern und auf alte Eichenwälder angewiesen, hat dagegen das Nachsehen.

Das zwei bis vier Zentimeter große Insekt lebt in betagten Laubbäumen und bezieht dort ausgefaulte Stammhöhlen, in der seine Kinder und Kindeskinder bis zu hundert Jahre ihr Auskommen finden. Derart beständige Baumhöhlen gibt es in Eichen erst ab einem Alter von 200 Jahren, wenn der Mensch sie so lange stehen lässt. Pressewirksame Erfolge lassen sich durch jahrhundertelanges Nichtstun aber nicht erzielen, und so werden zukünftige Wohnungen für den vom Aussterben bedrohten Eremiten eingetauscht gegen kleine Kahlschläge für das Haselhuhn.

Das Kochbuch des Naturschutzes hat aber noch mehr zu bieten. In Mode ist zurzeit die sogenannte »Entfichtung« von Bachläufen. Viele Ränder kleiner Fließgewässer wurden in der Vergangenheit gnadenlos mit Fichte zugepflanzt. Die dunklen Nadelbäume knipsten solchen Wasserläufen dann regelrecht das Licht aus. Denn ursprünglich sorgte ein bachbegleitender Laubwald für Schatten zur Sommerszeit, aber Sonne im Winterhalbjahr. Ein perfektes Zusammenspiel: Im Frühling konnte das Bachwasser auf Betriebstemperatur kommen, indem die ersten zarten Sonnenstrahlen ungehindert die Wasseroberfläche erreichten. Der Nachwuchs von Salamandern, Bachflohkrebsen und Steinfliegen wurde durch die Erwärmung seines Lebenselixiers wieder aktiv. Noch bevor die immer höher stehende Sonne den Bach überhitzte, schloss der Wald mit dem Laubaustrieb im Mai die Jalousien, und es herrschte ein angenehmes Halbdunkel. Im Herbst dienten die ins Wasser gefallenen Blätter den Bachtieren als Nahrungsgrundlage. Ersetzt nun der Mensch die Laubbäume durch Fichten, so herrscht das ganze Jahr über Dunkelheit, da diese Nadelbäume auch im Winter grün bleiben. Die Temperatur des Wassers erhöht sich sehr viel später, und die herabrieselnden Nadeln der Fichten versauern das kühle Nass.

Viele angestammte Arten können in so einem Fichtenbach nicht mehr leben.

Entfichtung bedeutet, dass schlagartig und radikal alle Fichten entlang dem Wasserlauf entfernt werden. Zunächst klingt das positiv: Endlich wird ein sichtbares Zeichen gesetzt, endlich wird dieser naturferne Zustand beseitigt. Jedoch so radikal, dass die Bachorganismen kaum eine Chance haben, sich umzustellen. Und sie werden diese Chance in vielen Fällen auch nicht mehr bekommen: Da offene Bachtäler für das Auge des Wanderers angenehmer anzuschauen sind als bewaldete, pflanzt man, wenn überhaupt, nur einzelne Erlen oder Weiden. Die übrige Bachwiese wird für idyllisch grasendes Vieh freigehalten, wie es der alten, bäuerlichen Kulturlandschaft entspricht. Salamander und Co sind damit vom Regen in die Traufe gekommen, aber da sie so klein sind, spielt ihr Verschwinden für vorüberkommende Touristen keine Rolle. Hauptsache man sieht, dass in dieser Landschaft etwas für die Umwelt getan und die Mitgeschöpfe (vor allem zahlende Gäste der Gastronomie) umhegt werden. Und überflüssig zu erwähnen, dass auch solche Aktionen als Ausgleich für Waldrodungen anerkannt werden.

Innere Unruhe

Warum klammern sich staatliche und private Naturschützer so sehr an die Erhaltung alter Kulturflächen? Es wäre doch viel billiger, ganze Gebiete einfach der natürlichen Wiederbewaldung zu überlassen oder besser noch alte Laubwälder großflächig stillzulegen. Dann könnten alle Beteiligten in Ruhe zusehen, wie natürliche Abläufe ohne Geld und Arbeitskraft walten und schalten. Genau das gibt es aber so gut wie nirgends. Neben der Megaherbivorentheorie und dem Schutz von Kulturfolgern gibt es noch andere, handfeste Gründe, die jedoch in keiner amtlichen Broschüre erwähnt werden. Der wichtigste ist: Der Mensch ist ein »Augentier«. Sein bester, schärfster Sinn ist das Auge; über viele Kilometer hinweg empfängt es Informationen. Ohren und Nase sind da weniger leistungsfähig. Geräusche anderer Tiere kann das Ohr zwar auch über Kilometer hinweg empfangen, aber nur, wenn es windstill ist. Sobald der Wind durch die Kronen der Bäume braust, verschwimmt jeder Laut nach wenigen Metern im allgemeinen Getöse. Auch die Richtung, aus der die gehörten Informationen stammen, ist nie so ganz klar zu bestimmen, selbst bei Windstille nicht. Denken Sie an eine Schlucht im Gebirge, aus der Sie Rufe anderer Wanderer hören. Durch die steilen Wände wird der Schall abgelenkt, und oft tauchen die Rufer an einer ganz anderen Stelle auf als vermutet. Noch windabhängiger ist die Nase. Gegen den Wind kann sie nämlich gar nichts registrieren, selbst penetranten Gestank nicht. Sie ist demnach eher für das Nahumfeld konzipiert. Mit diesem Exkurs möchte ich nicht verdeutlichen, dass die menschlichen Sinne verkümmert sind. Denn für die Steppe und Savanne, Wiegen der Menschheit, ist die Ausstattung optimal. Im Wald jedoch sind andere Qualitäten gefragt. Das Auge stößt hier schnell an seine sprichwörtlichen Grenzen, man sieht den Wald vor lauter Bäumen nicht. Ohren und Nase helfen auch nicht wirklich weiter, sodass der Radius, den man mit seinen Sinnen erfassen kann, von einigen Kilometern im Offenland auf maximal 100 Meter reduziert wird. Dieser Verlust an Information und damit Kontrolle erzeugt Unbehagen. Denken Sie bloß an die vielen Märchen, in denen der Wald eine Rolle spielt. Meist geht es darin ums Verirren oder um dunkle Gestalten, die den Protagonisten ans Leder wollen. Wie freut man sich nach einer Waldwanderung im Sommer, wenn der Weg endlich aus dem schattigen Halbdunkel hinaus auf eine Blumenwiese führt. Besonders attraktive Wege leben vom Wechselspiel zwischen Wald und Feldflur. In zusammenhängenden Forsten werden von den städtischen Verwaltungen an Rastplätzen für Touristen eigens Sichtschneisen freigeschlagen, damit die Naturfreunde ihren Blick in die Ferne schweifen lassen können. Große geschlossene Wälder rangieren aus den genannten Gründen möglicherweise für die meisten Menschen eher auf den letzten Plätzen schützenswerter Gebiete.

Und noch einen zweiten, mindestens ebenso wichtigen Grund gibt es für die mühevolle Arbeit, alte Kulturlandschaften zu erhalten – die Arbeit selbst. Da wird die Vegetation abgehackt und verbrannt, Stege und Beobachtungskanzeln gezimmert, Nisthilfen gebastelt und Entwässerungsgräben zugeschüttet. Das Teamerlebnis, die frische Luft und das Gefühl, etwas Gutes getan zu haben, macht viele Menschen glücklich. Und vor allem: Man kann ein Ergebnis präsentieren. Waldnaturschutzgebiete können das nur sehr spärlich bieten. Ihre effektivste Form, das Totalreservat, verbietet jeglichen Zutritt. Nur Wissenschaftler dürfen hier ab und an nach dem Rechten beziehungsweise neuen Arten sehen, allen anderen bleibt der Zutritt verwehrt. Und was man nicht anfassen, knuddeln und auch verändern darf, wird schnell langweilig. Zudem verlaufen die Prozesse in alten Wäldern so langsam, dass man im Verlauf der Jahre kaum Unterschiede sieht. Werden bisher bewirtschaftete Forste in die Freiheit entlassen, so zeigen sich häufig erst nach 50 und mehr Jahren signifikante Veränderungen im Vergleich zu gezähmten Waldparzellen. Welche Erfolge sollte man dann beispielsweise der Presse vorzeigen? All diese Faktoren spielen bei den Entscheidungen für die Art der Schutzmaßnahmen sicher eine Rolle. Ich möchte hier ausdrücklich jedem Naturschützer die besten Absichten unterstellen. Nach neuesten Erkenntnissen sind unsere Entscheidungen jedoch massiv instinktgeprägt, und das Diktat des Unterbewusstseins ergreift klar Partei für die Steppe.

Sisyphusarbeit

Da Wildheit und Unkontrolliertheit etwas Beängstigendes an sich haben, legt man Naturschutzgebiete noch im Entstehen an die Kette. Diese Kette, für die meisten solcher Parzellen vorhanden, nennt sich »Pflegeplan«. Darin ist aufgeführt, welches Entwicklungsziel sich die Planer vorstellen, und durch welche Maßnahmen es erreicht werden soll. Ein Beispiel: Eine alte Wacholderheide, die sich zum Wald zu wandeln droht, soll erhalten werden. Büsche und Bäume wuchern bereits zwischen den ehrwürdigen Wacholderbüschen, und das mickrige Heidekraut versucht vergeblich, noch einen Sonnenstrahl zu erhaschen. Der letzte Schäfer zog in den sechziger Jahren mit seiner Herde hindurch, sodass die kleine Heidefläche dem Untergang geweiht scheint. Da kommt in letzter Sekunde die Ausweisung als Schutzgebiet. Um die lästigen Konkurrenten der alten Vegetation wieder los zu werden, kommen am Wochenende ehrenamtliche Helfer und sägen die Büsche und Bäume ab. Auf große Haufen gezogen verbrennen diese in prasselndem Feuer, welches zudem noch die mitgebrachten Würstchen bräunt. Nun fehlt nur noch eine Holztafel, auf der ein Schild über die Eigenart und

Schönheit der Landschaft informiert, vielleicht noch Bänke und Tische für müde Wanderer, und schon ist das Schutzgebiet tipptopp in Ordnung. Ich möchte an dieser Stelle gar nicht darauf bestehen, dass hier besser Wald geschützt würde. Hier werden vielmehr finanzielle Weichen für die Zukunft gestellt. Leider führen diese aufs Abstellgleis. Auch die Naturschutzgebiete werden eines fernen Tages das gleiche Schicksal erleiden wie die geliebten alten Kulturgebiete, die sie ja erhalten wollen. Denn irgendwann, und sei es in hundert Jahren oder länger, ist entweder kein Geld oder keine Arbeitskraft mehr da, die das Schutzgebiet vor der wilden Natur bewahrt. Wacholderheiden und Trockenrasen werden dann entweder wieder zu Wald oder modernen Formen der Landwirtschaft zugeführt. Das Bestechende an echter Natur – der vom Menschen absolut unabhängige Kreislauf – kann ein zu pflegendes Schutzgebiet niemals erreichen. Dieser Geburtsfehler, der jedem der so liebevoll traktierten Fleckchen Erde zu eigen ist, wird sie eines Tages auch wieder verschwinden lassen.

Grenzen des Naturschutzes

Sind Sie schon einmal in einem der großen Nationalparks der USA gewesen? Oder durch abgelegene Gebiete in den Alpen gewandert? Vielleicht auch durch das Watt der Nordsee gestapft? Wie auch immer, wo wir auf eine relativ ungestörte Umwelt treffen, vor allem auf Reisen, sind wir mit der Ausweisung von strengen Schutzgebieten einverstanden. Hier und da könnte die Landschaft sogar noch großzügiger und umfassender vor menschlichen Eingriffen bewahrt werden. Zu Hause wird dann mit dem Eintauchen in die Alltagswelt unbewusst ein Schalter umgelegt, und die hehren Naturschutzgedanken geraten in Vergessenheit. Das geht auch kaum anders, denn sonst wäre ein unbeschwertes Leben in unserer zivilisierten Gesellschaft nicht möglich. Naturschutz und hoher Lebensstandard müssen kein Widerspruch sein; sie lassen sich aber nicht auf kleinem Raum vereinbaren.

Werfen wir einmal einen Blick auf Bevölkerungsdichten. China hat rund 1,4 Milliarden Einwohner, eine erschreckend hohe Zahl. Umweltprobleme wie Luftverschmutzung, vergiftete Flüsse und schonungslos ausgebeutete Natur begleiten regelmäßig Pressemeldungen aus dieser Gegend der Welt. Spontan würde wohl kaum ein Mitteleuropäer in diese Ballungszentren mit all ihren Auswüchsen ziehen. Die pure Zahl sagt aber noch nicht allzu viel über tatsächliche Besiedlungsdichten aus. Ein halbwegs brauchbarer Kennwert ist die Einwohnerzahl pro Quadratkilometer. Nur halbwegs brauchbar, weil natürlich auch Umweltstandards, Energieverbrauch, Bebauungsdichte und vieles mehr eine Rolle spielen. Sei's drum, wir vergleichen trotzdem. Im Reich der Mitte kommen 140 Einwohner auf einen Quadratkilometer. 140 Menschen, die auf einer Fläche von 1000-mal 1000 Metern wohnen, arbeiten, Bodenschätze abbauen, Landwirtschaft betreiben und ihre Freizeit verbringen. Viel Platz für Natur kann da nicht übrig bleiben. Gehen wir nach Europa. Die Zahlen hier pro Quadratkilometer: Österreich 99, die Schweiz 180, Deutschland 230, Belgien 315, und die Niederlande 480. Damit wird deutlich, dass wir in einer der am dichtesten besiedelten Regionen der Erde leben. Pro Quadratkilometer werden hier ähnliche Belastungen fällig wie in China, immerhin ist bei uns neben einer Hochleistungslandwirtschaft auch eine der leistungsfähigsten Exportindustrien in hoher Konzentration zu Hause. Für echte

Natur ist da kaum noch Raum. Das höchste der Gefühle für freiheitsliebende Städter ist der Umzug aufs Land, also in die Agrarsteppe oder die Kunstforste. Verwerflich ist das Zersiedeln der Landschaft grundsätzlich nicht, schließlich hat jeder einzelne Einwohner Anspruch auf ein erfülltes Leben. Auch mir geht Naturschutz nicht vor den Schutz der menschlichen Grundbedürfnisse, auch ich habe Kinder und möchte, dass sie glücklich und zufrieden sind.

Jedes Jahr kommen jedoch weltweit 80 Millionen Menschen mit ähnlichen Ansprüchen hinzu, auch wenn diese häufig nicht erfüllbar sind. Natur wird da zwangsläufig und im Wortsinne an den Rand gedrängt. Schauen Sie sich die Kulturlandschaften an, die wenigstens noch einen Hauch von Wildheit aufweisen: Das Wattenmeer, die Hochlagen der Alpen und vielleicht noch die höchsten Mittelgebirge sind für Industrie und Landwirtschaft als auch für den Städtebau eher ungeeignet. Alles flache Land dagegen ist fest im Griff von Siedlungen und industrieller Landwirtschaft. Das müsste trotz der hohen Bevölkerungsdichte nicht zwangsläufig so sein. Es wäre durchaus denkbar, dass beispielsweise in Deutschland große Ballungsgebiete neben nahezu unbesiedelten Landschaften vorkommen könnten. Die Realität sieht, wie Sie wissen, anders aus. Das ganze Land ist mehr oder weniger dicht bebaut, hinzu kommen rund 240 000 Kilometer Straßen für den Fernverkehr sowie noch einmal so viele Gemeindestraßen. Dadurch sind nahezu alle verbliebenen ländlichen Gebiete durch Asphaltbänder mit hohem Verkehrsaufkommen zerschnitten. Um nun zu beurteilen, welche Auswirkungen dies auf die Zerstückelung und Verinselung der Landschaft hat, wurde zunächst ein neuer Begriff geschaffen: der unzerschnittene verkehrsarme Raum. Er soll mindestens 100 Quadratkilometer groß sein und von keiner Straße durchzogen sein, auf der pro Tag mehr als 1000 Autos fahren. Eine etwas merkwürdige Definition von »verkehrsarm«, aber würde man die Kriterien anders definieren, gäbe es womöglich gar keine solchen Landschaften mehr in der Statistik. Selbst bei dieser großzügigen Auslegung bleiben nur 480 Gebiete mit insgesamt 22 Prozent der Staatsfläche übrig. Alles andere ist durchzogen von Autobahnen, Bundesstraßen oder Eisenbahngleisen. Und das ist politisch auch gewollt. Das Grundgesetz der Bundesrepublik legt die Herstellung gleichwertiger Lebensverhältnisse in Deutschland fest. Bewohner ländlicher Gebiete müssen ebenso gut versorgt werden wie Stadtbewohner. Schulen, Straßen, Arbeitsplätze, auch für den ländlichen Raum soll das gesamte Angebot erreichbar sein. Das führte schon in der Vergangenheit zu teils bizarren Anstrengungen, Industriebetriebe zum Umzug aufs Land zu bewegen. Mittels kräftiger Subventionen siedelten sich etliche Unternehmen ganz gegen alle betriebswirtschaftliche Vernunft fernab von Autobahnen oder Städten mit einem guten Arbeitskräfteangebot an. Telefon- und Stromleitungen verschlangen Riesensummen, um auch noch abgelegenste Höfe mit den Segnungen der modernen Zivilisation zu versorgen. In den vergangenen Jahren gelangten die letzten bisher mit Sickergruben ausgestatteten Siedlungen in den Genuss eines Abwasserkanals. Die zwangsläufig weiten Fahrten zum Arbeitsplatz werden bis heute steuerlich bezuschusst, sodass der ländliche Wohnsitz weiter attraktiv bleibt. Die Folgen: Überall wurden landschaftlich reizvolle Gebiete bebaut. Arbeiten in der Stadt, wohnen auf dem Land – so lässt es sich gut leben. Nicht, dass Sie denken, ich wollte hier über alle Landbewohner herziehen: Ich bin schließlich selbst einer! Und ohne all die versteckten und offenen Subventionen für ein

Wohnen fernab der Stadt könnte meine Familie den derzeitigen Wohnsitz vermutlich nicht behalten. Aus dem Blickwinkel der Umwelt sieht das alles jedoch ungünstiger aus. Durch die weitläufig verteilten Dörfer und Städte gibt es keine menschenleeren Großlandschaften mehr. In Mitteleuropa kann man sich nirgendwo mehr verlaufen, ohne innerhalb von Stunden wieder in der Zivilisation zu landen. Wenn nun die Bevölkerung in den nächsten Jahrzehnten schrumpft, wird es gar nicht mehr möglich sein, alle Gebiete gleich gut zu versorgen, da die Pro-Kopf-Kosten für die gesamte Infrastruktur dann in gleichem Maß steigen. Das eigene Auto, wichtiges Transportmittel für alle täglichen Besorgungen, ist angesichts der steigenden Treibstoffpreise schon jetzt ein harter Prüfstein. Einige meiner Freunde in der Eifel überlegen bereits, ob sie ihr Haus verkaufen und wieder Richtung Köln ziehen sollen. Eine Umorientierung Richtung Stadt oder zumindest stadtnahe Randgebiete wird in naher Zukunft für viele die einzige Möglichkeit sein, den bisherigen Lebensstandard zu halten. So könnten sich aufgrund dieser Entwicklung einige Gebiete, deren Besiedlung in der Vergangenheit durch politische Maßnahmen gestützt wurde, in Zukunft wieder entvölkern. Das kann für die Rückkehr der Natur eine Chance sein.

Landliebe

Kommen wir zu einer Gruppe, die unsere Landschaft am stärksten verändert hat: die Bauern. Die von ihnen in vergangenen Zeiten gestaltete Kulturlandschaft findet bis heute den Beifall des Naturschutzes, weil sie eine unbestreitbare, wenn auch fragwürdige Artenvielfalt hervorgerufen hat. Ab den fünfziger Jahren ging es damit jedoch steil bergab, als Traktoren so erschwinglich wurden, dass sie auch bei Kleinbauern die Pferde und Kühe als Zugtiere ablösten. Die Bedeutung dieses Wandels kann man sich heute kaum noch vorstellen. Die verarmte Landbevölkerung besaß vor dieser Zeit häufig nur kleine, ausgemergelte Milchkühe, die auch noch den Pflug und den Karren ziehen mussten. Nach einem im Stall verbrachten Winter mit knappen Futtervorräten waren die Zugtiere manchmal so schwach, dass sie im Frühling auf die Weide getragen werden mussten. Auch die Hufe waren nicht für eine Belastung als Pferdeersatz ausgelegt, sodass die Kühe regelmäßig mit Klaueneisen beschlagen wurden. Welche Arbeitsleistung solchen Gespanne erbrachten, kann man sich denken. Nur kleinste Flächen konnten bearbeitet werden, und steile oder steinige Parzellen blieben als Weide- oder gar Brachland liegen. Die neuen Traktoren erhöhten die Leistung beträchtlich und ermöglichten so die Bewirtschaftung erheblich größerer Einheiten. Zudem verbrauchten sie kein Heu und kein Stroh, sodass mehr Futter in größere Viehbestände investiert werden konnte. Die kleinen Hecken und Steinwälle um die ehemals ausreichend großen Äcker und Weiden wurden nun zum Hindernis für die kräftigen Maschinen. Durch die Zusammenlegung von bäuerlichem Streubesitz im Rahmen eines staatlichen Flurbereinigungsverfahrens entstanden Riesenfelder ohne Baum und Strauch, die einer Großmaschine erlaubten, kilometerlang geradeaus zu fahren, ohne zu wenden.

Ein Vergleich macht die Veränderungen deutlich. Konnte ein Landwirt um 1950 rund zehn Personen ernähren, so waren es im Jahre 2004 bereits 143. Im Jahr 2007 bewirtschafteten neun Prozent der Betriebe 50 Prozent der Fläche; jeder dieser Großbetriebe besaß durchschnittlich 2,8 Quadratkilometer Land und produzierte enorme Mengen an Lebensmitteln. Vielleicht erinnern Sie sich noch an die früher alltäglichen Meldungen von Butterbergen und Milchseen. Die hochsubventionierte industrielle Agrarwirtschaft erzeugte gewaltige Überschüsse, die entweder zu Schleuderpreisen ins Ausland verkauft oder einfach vernichtet wurden. Neben der Reduktion der Subventionen wurde als Bremse eine anderer Anreiz eingeführt: Für das Stilllegen von Flächen bekamen die Landwirte Geld, ebenso für das Mähen von Wiesen erst im Sommer. Die einen Flächen konnten so von Wildkräutern besiedelt werden, die anderen wurden erst gemäht, wenn bodenbrütende Vögel die Parzellen wieder verlassen hatten. Der typische zwei- bis dreimalige Grasschnitt wurde so auf nur noch einen reduziert. In der Folge ging die Produktion etwas zurück, und in der Agrarwüste grünten nun hier und da kleine Ruheinseln, die sich die Natur allmählich zurückholte.

Lange ging das leider nicht gut, denn zwei Entwicklungen verlangten nach mehr Produktionsfläche: Zum einen wurde es in Asien modern, Milch und Käse zu verzehren, zum anderen gab es einen rasanten Anstieg bei der Nachfrage nach Bioenergie. Butterberge wurden abgebaut, Milchseen versiegten, und viele Landwirte stellten zusätzlich auf den Anbau von Energiemais um. Dieser Mais, in großen Gärballons zu Biogas veredelt, verschaffte etlichen Bauern sogar eine neue Berufsbezeichnung: Energiewirt. Die Folgen dieser Entwicklung lassen nicht lange auf sich warten. Vielleicht ist es Ihnen bei Spaziergängen durch die Feldflur auch schon aufgefallen, dass mehr und mehr Brachflächen mitsamt ihrem Bewuchs wieder umgepflügt werden. Zuvor werden sie noch mit Herbiziden besprüht, damit sich die Wildkräuter bei der nächsten Aussaat im Frühjahr nicht mehr ausbreiten. Vor allem der verstärkte Einsatz von Bioenergie verursacht den Rückgang dieser Brachflächen. So stieg die Rapsanbaufläche in Deutschland von 4000 Quadratkilometern im Jahre 1990 auf 14 000 Quadratkilometer im Jahre 2007 an. Das aus den gepressten Samen gewonnene Öl geht zu großen Teilen in die Herstellung von Biodiesel. Maispflanzen, zunehmend für die Herstellung von Biogas eingesetzt, bedeckten im Jahr 2008 schon 20 000 Quadratkilometer. Da hierfür die vorhandenen Äcker nicht reichten, wurden über 1500 Quadratkilometer Wiesen und 3400 Quadratkilometer stillgelegte Flächen zusätzlich unter den Pflug genommen. Die Dimension dieser für den klassischen Naturschutz verlorenen Flächen wird deutlich, wenn man sie mit denen der Nationalparks vergleicht. Alle derartigen Großschutzgebiete (ohne das Wattenmeer) zusammengenommen bedecken nur 2500 Quadratkilometer.

Neben der Auflösung kleiner Feld- und Wiesenstrukturen gibt es aber noch eine andere, viel gewaltigere Einflussgröße. Dünger und Pestizide veränderten in den vergangenen Jahren im erheblichen Ausmaß nicht nur die Böden, sondern auch das Artengefüge der Agrarlandschaft. So ist Ihnen vielleicht noch der Rückgang der Greifvögel in den sechziger Jahren des vergangenen Jahrhunderts in Erinnerung. Damals wurden durch Pestizide, vor allem DDT, Adler, Bussarde und Falken schwer geschädigt. Mäuse und Hasen fraßen vergiftete Ackerfrüchte. Wurden sie zur Beute dieser Greifvögel, so reicherte sich das Gift derart stark in den eleganten Vögeln an, dass die Schalen ihrer Eier immer dünner wurden und noch vor dem Schlüpfen der Brut zerbrachen. Gleichzeitig setzte mit der ständig intensiver werdenden Massentierhaltung ein Gülleregen auf den Äckern ein, der viele Arten erstickte. Mist von Tieren, noch nach dem Zweiten Weltkrieg ein billiges, dringend benötigtes Düngemittel, wurde nun zum Abfall. Das ist bis heute ein Dilemma: Da das Futter häufig aus dem Ausland, beispielsweise in Form von Soja, importiert wird, können hier mehr Schweine und Rinder gehalten werden, als Futteranbaufläche zur Verfügung steht. Dadurch gibt es auch einen gewaltigen Überschuss an Fäkalien, die auf viel zu wenigen Äckern und Wiesen ausgebracht werden. Um Einstreu zu sparen, werden die Tiere auf Lattenrosten aus Holz gehalten, sodass Kot und Urin in darunter befindliche Sammelbecken fallen. Diese Brühe wird dann zur Entsorgung auf die Felder gefahren, indem Traktoren dicke Güllefässer darüberziehen, aus denen die stinkende Last herausgesprüht wird. Die frei werdenden Ammoniakgase tragen übrigens auch zur Erkrankung der Wälder bei, mal ganz abgesehen davon, dass Spaziergänge in der Nähe dieser Felder für Wochen keinen Spaß mehr machen. Spuren des Fäkalienregens finden sich immer häufiger auch im Grundwasser und damit in unserem wichtigsten Lebensmittel.

Auch in meiner Heimat, der dünn besiedelten Eifel, muss das Wasser regelmäßig mit Chlor entkeimt werden. Häufig stelle ich mir die Frage, wie Menschen, die derartig wirtschaften, behaupten können, sie hätten ihren Beruf aus Liebe zur Natur ergriffen. Warum ich Ihnen das alles erzähle? Ich möchte nur mit dem Märchen aufräumen, dass Bauern Landschaftspfleger seien. Nichtsdestotrotz behauptet der Deutsche Bauernverband auf seiner Homepage: »Landwirte stellen hochwertige Lebensmittel unter Einhaltung hoher Umwelt-, Tierschutz- und Sozialstandards her. Als Zusatzleistungen pflegen und erhalten sie die einzigartigen Kulturlandschaften und tragen durch die Erzeugung nachwachsender Rohstoffe zum Klimaschutz bei...«

In Mitteleuropa ist durch die dichte Besiedlung der Nutzungsdruck auf die Landschaft sehr hoch. So werden in Deutschland durch Siedlungen, Gewerbe und Verkehr jeden Tag 1,2 Quadratkilometer Landschaft verbraucht. In vorstellbare Größen umgerechnet bedeutet dies, dass alle zehn Minuten die Fläche eines Fußballfeldes oder alle zwei Jahre eine Fläche von der Größe Berlins umgegraben, zugebaut oder asphaltiert wird. Dass dies nicht ewig so weitergehen kann, ist den staatlichen Institutionen schon länger klar. Nicht nur der Verbrauch und die Zerstörung von Lebensräumen für Flora und Fauna, sondern auch die sich immer weiter aufblähende Infrastruktur wird als Problem gesehen. Bei den aktuell sinkenden Bevölkerungszahlen Mitteleuropas müssen künftig immer weniger Steuerzahler ein immer größeres Verkehrswegenetz instand halten und finanzieren. Dass die Grenzen schon heute erreicht sind, kann man im Westen Deutschlands beobachten, wo mehr und mehr Straßen bedenkliche Verfallserscheinungen aufweisen. Aus diesen Gründen sind verschiedene Schutzkategorien entwickelt worden, mit denen man große Landschaftsbereiche vor der völligen Zersiedelung bewahren möchte. Eine davon ist das Landschaftsschutzgebiet. Definiert wird es laut Bundesnaturschutzgesetz als ein Gebiet, in dem die Leistungsfähigkeit und die Funktion des Naturhaushaltes erhalten oder wiederhergestellt werden soll. Auch die Erholungswirkung in einer alten Kulturlandschaft kann im Vordergrund stehen. Zusammen mit Naturschutzgebieten und anderen reizvollen Flächen können sie zu einer zweiten Kategorie, den Naturparks, zusammengefasst werden. Hier steht zwar die Erholung im Vordergrund, dennoch gelten prinzipiell die gleichen Entwicklungsziele wie für ein Landschafts-schutzgebiet. Hinweistafeln weisen Sie als Wanderer auf das Betreten dieser Areale hin, und man hat das Gefühl, dass für den Naturschutz doch schon sehr viel getan wird. Immerhin beträgt alleine der Anteil der Landschafts-schutzgebiete an der Fläche Deutschlands 30 Prozent. Durch diese inflationäre Unterschutzstellung ist ab-zusehen, dass es zu Problemen kommt, denn man kann schlecht ein Drittel des Landes von jeglicher Entwicklung abkoppeln. Das wird auch gar nicht versucht. Vielmehr werden in dermaßen geschützten Landesteilen alle bean-tragten Eingriffe, wie Baumaßnahmen oder die Rodung von Wald, besonders streng geprüft. Stellt sich heraus, dass das geplante Projekt eine Beeinträchtigung für das Land-schaftsbild oder den Naturhaushalt darstellt, wird es nicht etwa abgelehnt. Nein, nur ein Ausgleich muss erfolgen.

Verschwinden zum Beispiel Streuobstwiesen mit ihren alten Apfelbäumen, so müssen andernorts neue Wiesen mit Obstbäumen bepflanzt werden. Ziel ist die Erhaltung der typischen Arten solcher Biotope. Für den Steinkauz, eine kleine, seltene Eulenart, ist die Ausgleichsmaßnahme ohne Bedeutung. Er ist auf alte Bäume mit Höhlen an-gewiesen; die jungen, daumendicken Apfelbäumchen sind für ihn nur Kulisse in einem ungeeigneten Biotop. Amt-licherseits ist aber eine Neuanpflanzung ein ausreichender Ersatz. Mit der Bewertung von solchen Eingriffen und der Planung von Ersatzmaßnahmen sind ganze Abteilungen der Landratsämter sowie private Planungsbüros beschäf-tigt. Geschützt wird die Landschaft dennoch nicht. Ent-standen ist lediglich ein florierender Geschäftszweig für Garten- und Landschaftsbaubetriebe, die Heerscharen von Arbeitern mit dem Bepflanzen von Autobahnböschungen oder der Herstellung künstlicher Feuchtbiotope beschäftigen. Die einzige fühlbare Auswirkung ist die starke Verzögerung jeder Baumaßnahme. Da alles erst geprüft, begutachtet und genehmigt werden muss, da erst Ausgleichsmaßnahmen entwickelt und dann festgelegt werden, können sich Projekte um Jahre verspäten. Sie und ich würden in einer solchen Situation vielleicht das ganze System infrage stellen, aber so leicht geben die Beteiligten nicht auf.

»Ökokonto« heißt das neueste Rezept. Grundbesitzer können ihre Parzelle ökologisch aufwerten, indem sie beispielsweise auf einem Acker Laubbäume pflanzen. Der Unterschied in der ökologischen Wertigkeit zwischen Acker und Laubwald wird nach einem Punktesystem festgelegt. Diese Punkte kann man dann auf einem Konto bei den Landratsämtern einzahlen, wo sie sich mit den Jahren sogar verzinsen können. Baut nun eine Firma des gleichen Landkreises im Landschaftsschutzgebiet eine neue Fabrikhalle, so legt die Behörde die Zahl von Punkten fest, um die sich die Landschaft ökologisch verschlechtert. Und diese Punkte können die Manager dann dem bis dato unbeteiligten Grundbesitzer abkaufen, auch wenn dessen Parzellen am anderen Ende des Landkreises liegen. Langwierige Planungen entfallen, und deshalb werden diese Punkte mittlerweile sehr gut bezahlt. Dabei scheint es nur Gewinner zu geben: Der Firmeninhaber kann schnell bauen, und der Grundbesitzer profitiert vom Bauboom, obwohl er bisher nur als geringwertig erachtete Landwirtschaftsflächen besaß. Verlierer ist nur das Landschaftsschutzgebiet, welches zum Spielball behördlicher und privater Interessen geworden ist.

Die Europäische Union ist sich einig: Es muss mehr zum Schutz unserer Umwelt und speziell für unsere Mitgeschöpfe getan werden. Ich finde es immer wieder erstaunlich, dass auf europäischer Ebene Beschlüsse gefasst werden, die national in den wenigsten Ländern durchsetzbar wären. Die Vogelschutzrichtlinie und die sogenannte »FFH«-Richtlinie (Flora-Fauna-Habitat, also pflanzliche und tierische Lebensräume) sind zwei schöne Beispiele dafür. Im Kern besagen beide, dass beim Auftreten vom Aussterben bedrohter Arten Schutzmaßnahmen eingeleitet werden müssen. Dazu haben die Mitgliedsstaaten Gebietsvorschläge nach Brüssel zu melden. Diese Gebiete, einmal anerkannt, dürfen nicht mehr so verändert werden, dass die zu schützenden Arten darunter leiden. Für Eingriffe wie etwa Baumaßnahmen muss eine aufwendige Prüfung durchgeführt werden, die etwaige Nachteile für Tiere und Pflanzen offenlegt. Kommt es zu einer Gefährdung, ist die Maßnahme abzulehnen.

So weit die Theorie und die guten Absichten. Die Praxis sieht mal wieder ganz anders aus. Zunächst einmal haben einige Länder, darunter auch Deutschland, ihre Gebiete erst auf den letzten Drücker gemeldet. Das hatte den Vorteil, dass man noch ein paar Jahre länger ungestört darin herumfuhrwerken konnte. Als die EU schließlich im April 2003 mit Strafgeldern drohte, wurden die entsprechenden Landstriche so schnell es ging nachgereicht. Schnell, das heißt im Februar 2006. Das war ein gewaltiger Schritt nach vorne, wurde doch so für Tausende von Quadratkilometern der Schwerpunkt auf den Artenschutz gelegt.

Zeitgleich mit den Gebietsausweisungen ratterte im Hintergrund die Maschinerie der Lobbyisten. Land- und

Forstwirtschaft diskutierten panikartig, ob denn nun jeder Chemieeinsatz oder Kahlschlag in den betreffenden Gegenden erst beantragt und dann womöglich abgelehnt würde. Das Bundesnaturschutzgesetz Deutschlands musste den EU-Bestimmungen angepasst werden, und einige Monate stand im Raum, dass beispielsweise größere Holzeinschläge und Umwandlungen von Grün- in Ackerland ohne Genehmigung nicht mehr zulässig sein sollten. Hier muss ich als Förster anmerken, dass ich generell für eine Holznutzung unter wirtschaftlich tragbaren Bedingungen bin. Dennoch sollten wir wenigstens in einigen besonders schützenswerten Teilbereichen vom Aussterben bedrohte Mitgeschöpfe zu ihrem Recht kommen lassen. Die neuen FFH- und Vogelschutzgebiete nach den Maßgaben der Europäischen Union betreffen nur maximal 14 Prozent der Landesfläche, auf denen unter besonderer Rücksichtnahme auf gefährdete Arten weiter gewirtschaftet werden soll. Doch die Lobby der Land- und Forstwirtschaft erreichte in letzter Minute eine Entschärfung – faktisch konnte alles beim Alten bleiben. Die Novellierung des Bundesnaturschutzgesetzes nimmt zwar, wie gefordert, auf die neuen Schutzbestimmungen und -gebiete Rücksicht, erkennt jedoch das Wirken von Bauern und Förstern grundsätzlich als naturschutzkonform an. »Gute fachliche Praxis« heißt das und bedeutet nichts anderes, als dass man durch das Wirken von Pflug und Giftspritze, Motorsäge und Vollerntemaschine keine negativen Auswirkungen auf geschützte Mitgeschöpfe erwartet.

Die Praxis sieht folgendermaßen aus: Die alten Buchen- und Eichenwälder, auf unter ein Prozent der Waldfläche reduziert, sind in vielen Fällen die letzten Rückzugsgebiete seltener Vögel. Rund 50 Prozent der Vogelarten Deutschlands, deren Bestand international von Bedeutung ist, brüten ausschließlich oder überwiegend in diesen alten Wäldern. Wichtig ist also nicht nur der Erhalt der Wälder als Fläche, sondern vor allem der Erhalt der alten Bäume. Das ist ein feiner Unterschied, wie vor allem Förster recht schnell bemerken. Fällt man nämlich die alten Bäume, so wachsen aus deren Samen wieder junge Laubwälder heran. Die alten Buchen und Eichen sind zwar weg, aber da an deren Stelle ja Nachwuchs heranwächst, bleibt der Wald grundsätzlich erhalten. Für den Schwarzspecht, den größten unter den heimischen Spechten, ist das ein existenzieller Unterschied. Denn er benötigt alte Bäume, die in 20 Metern Höhe noch mindestens 30 Zentimeter dick sind. Nur solche Stämme bieten genug Raum für seine Höhlen, von denen er verschwenderisch mehrere zum Schlafen, aber auch zur Aufzucht der Jungen anlegt. Dank der Vorarbeit dieses Zimmermanns haben auch die ebenfalls sehr seltenen Hohltauben und verschiedene Waldfledermäuse die Möglichkeit, ein Quartier zu finden. Gerade die Fledermäuse sind auf große Baumhöhlen mit dicken Wänden angewiesen, da sie in solchermaßen gut isolierten Unterkünften auch bei strengem Frost nicht erfrieren. Werden alle alten Bäume gefällt, verschwinden auch die auf sie angewiesenen Arten und der Wald fällt ökologisch auf das Niveau einer Plantage zurück. Im normalen Wirtschaftswald ist die Nutzung der alten Bäume nachvollziehbar. Schließlich können wir nicht unser gesamtes Holz aus den Tropen importieren. In Schutzgebieten sollten jedoch andere Maßstäbe gelten. Durch den Freibrief, dass die »gute fachliche Praxis« keine Art gefährden könne, können nun auch in Vogelschutzgebieten die alten Bäume munter abgehackt werden. Und nicht nur dort: Auch in Naturschutzgebieten wird dieses Vorgehen schon seit vielen Jahren praktiziert, selbst dort, wo der Schutz des Buchenwaldes erklärtes Ziel ist.

Ein besonders abstruses Beispiel begegnete mir in Brandenburg. Dort ist ein kleiner Buchenwald inmitten der riesigen Kiefernwüsten geschützt. Bei einer Begehung mit Förstern und Naturschützern fiel mir auf, dass dort vor kurzem viele der Altbuchen gefällt worden waren. Auf die Frage, ob denn mit dem Holz ordentlich Geld verdient worden sei, antwortete der Förster sinngemäß: »Nein, nein, die Maßnahme haben wir durchgeführt, damit der Buchenwald ein wenig strukturierter wird.« Das Holz war zwar verkauft worden, aber nicht mit Gewinn. Die ungleiche, aufgelockerte Struktur entsprach in den Augen der Förster wohl eher dem Bild eines Naturwaldes als das, was sich dort in den vergangenen Jahrzehnten von selbst entwickelt hatte. Ähnliches Denken scheint unter Förstern weit verbreitet zu sein. Auch in meinem Revier wurde vor fünf Jahren ein kleines Schutzgebiet ausgewiesen. Bei der Begutachtung durch den Leiter der Naturschutzbehörde und den Forstamtsleiter erklärte Letzterer, dass dort aber noch einmal kräftig durchgeforstet werden müsse. Schließlich könne sich die Parzelle sonst nicht angemessen entwickeln. (Zu Ihrer Beruhigung: Das wurde nicht gemacht.)

Etwas dreister ist das Vorgehen vor dem Inkrafttreten von Schutzverordnungen. Egal ob im Zusammenhang mit Planungen für Biosphärenreservate oder Nationalparks, Naturschutzgebieten oder Totalreservaten, immer wieder ist folgender Vorgang zu beobachten: Sobald erste Überlegungen stattfinden, wird vom meist staatlichen Forstamt ein Holzeinschlag durchgeführt. Es beleidigt das forstliche Auge, wenn dicke Stämme nicht zu Möbeln verarbeitet werden, sondern quasi nutzlos als Behausungen für Specht und Co dienen. Tritt der Schutzstatus in Kraft, so ist das eine oder andere Gebiet ökologisch bereits heftig abgewertet, weil die Methusalems unter den Buchen und

Eichen verschwunden sind. Aber auch in den regulär bewirtschafteten Wäldern haben Waldvögel schlechte Karten.
»Wenn sie keine Miete bezahlen, fliegen sie raus« heißt es
dann aus dem Munde so manchen Försters zum Schicksal
der Baumbewohner. Im Zuge der steigenden Holzpreise
werden wieder vermehrt Bäume mit Spechthöhlen gefällt
und verkauft. War bis vor kurzem solch fehlerhaftes Holz
nicht zu vermarkten, so sind im Sog der explodierenden
Energiepreise auch diese Stämme wieder an den Mann zu
bringen. Das Bundesnaturschutzgesetz verbietet zwar generell die Beschädigung oder Beseitigung solcher Brut-
bäume, gibt aber für ordnungsgemäße Forstwirtschaft grünes Licht. Solange mit dem Fällen der Höhlenbäume nicht
die gesamte Spechtpopulation eines Gebietes gefährdet ist,
darf weitergearbeitet werden. Wer aber will das nach-
weisen?

Im Zusammenhang mit der gestiegenen Nachfrage nach
Energieholz taucht auch noch einmal das Haselhuhn auf.
Die Haselhuhntaschen, in die ehemaligen Niederwälder geschlagen, verursachten in der Vergangenheit hohe Kosten.
Die dünnen Stämmchen der Eichen und Buchen ließen
sich nicht gewinnbringend vermarkten. Nun aber, da im
Monatstakt neue Biomassekraftwerke errichtet werden,
zeichnet sich eine Holznachfrage ab, die kaum zu befrie-
digen ist. Auf der Suche nach den letzten Potenzialen
geraten auch die Niederwälder ins Visier der Strategen.
Wirtschaftlich sinnvoll ist in den meist kleinen Parzellen
nach Ansicht der Forstverwaltungen nur der Kahlschlag.
Die propagierte naturnahe Waldwirtschaft verbietet solche
Eingriffe. Eigentlich. Denn der kahl geschlagene Wald diente
doch auch in der Vergangenheit schon als Haselhuhnbio-
top. Deshalb werden die massiven Eingriffe neuerdings als
Pilotprojekte bezeichnet, in denen es um die Rettung wert-

voller Lebensräume geht. Praktischerweise fällt bei diesen Rettungsmaßnahmen noch jede Menge Holz an, welches mittlerweile zu guten Preisen verkauft werden kann.

Auch abgestorbene Bäume sind vor der Motorsäge nicht mehr sicher. Diese toten Riesen, Heimstätte für Tausende Pilz- und Insektenarten, sind unverzichtbar für den Schutz heimischer Urwaldarten. Folgerichtig bemühten sich die Forstverwaltungen jahrelang, wenigstens einen kleinen Teil im Wald zu belassen. Wichtig: Die Bäume müssen stehen bleiben, um für spezialisierte Arten wie Käfer, Schnecken oder Mücken bewohnbar zu sein. Am Boden liegend, sind sie für viele der unscheinbaren Waldbewohner nutzlos. Nach einigen Jahren des Tolerierens solcher toten, stehenden Bäume ereigneten sich vermehrt schwere Unfälle bei der Waldarbeit. Beim Fällen gesunder Bäume stürzten häufig auch tote Exemplare durch die Erschütterung mit um. Manch tödlicher Unfall unter den Forstwirten war auf diese völlig unkalkulierbar zusammenbrechenden Giganten zurückzuführen. Die Konsequenz: Vor Beginn der Durchforstungen werden jetzt in vielen Wäldern erst einmal alle toten Bäume abgesägt, um das Gefahrenpotenzial zu beseitigen. Aus Sicht der Mitarbeiter verständlich, für die Natur ein schwerer Schlag. Und ein ganz klares Argument dafür, Schutzgebiete auszuweisen, in denen keine Forstwirtschaft mehr stattfinden darf. Denn ein Miteinander von Schutzmaßnahmen und Arbeit ist im Wald offensichtlich nicht durchgängig möglich.

In der Landwirtschaft gibt es weitere fragwürdige Beispiele. So war ich schockiert, als man mir anlässlich einer Fachtagung im Westerwald stolz ein geschütztes Bachtal vorführte. Es war bis auf einen winzigen Streifen, bestanden mit frisch gepflanzten Erlen und Weiden, überall mit Stacheldraht eingezäunt. Auf den so entstandenen Weiden grasten friedlich Kühe und zerstampften mit ihren Hufen die ganze Vegetation. Ziel war auch hier die »schonende« Verteidigung des Tales gegen die Rückkehr des Waldes. Das Projekt galt als Erfolg für eine renaturierte Bachaue. Wenn so mit Naturschutzgebieten umgegangen wird, um wie viel rücksichtsloser findet dann die sogenannte gute fachliche Praxis statt? Es gibt nur noch eine gesetzliche Bremse, die diesem Treiben in den EU-Schutzgebieten Einhalt gebieten könnte: das Verschlechterungsverbot. Vereinfacht besagt dieses, dass sich der ökologische Zustand nicht verschlechtern darf. Gradmesser ist die Gefährdung der Leitarten des Gebietes, der Arten also, zu deren Schutz die Maßnahme erfolgte. Gehen sie in ihrem Bestand zurück, so müssen Gegenmaßnahmen ergriffen werden. Das ist nicht praktikabel, denn wer kann beispielsweise schon zuverlässig den Bestand der heimlichen Waldfledermäuse zählen? Auf lange Sicht wäre dies denkbar, doch meist ist es, wenn ein Rückgang auffällig wird, zu spät: Die abgesägten alten Buchen kann man ja schlecht wieder aufstellen.

Es gibt aber noch eine Schutzkategorie, die im Sinne von Natur optimal ist: der Nationalpark. Aber auch dort kann der Mensch, vor allem der verbeamtete, seine Finger nicht ruhen lassen.

Rettungsinseln

Die Idee vom Nationalpark ist schon sehr alt. Sie stammt aus den USA, wo der erste Nationalpark, der Yellowstone, schon eingerichtet wurde, als an seinen Rändern noch die Indianerkriege tobten. Ziel eines solchen Parks ist der Prozessschutz, was nichts anderes bedeutet, als dass der

Mensch absolut in den Hintergrund tritt. Geschützt wird hier nicht die existierende Natur, sondern deren Entwicklungsmöglichkeit. Selbst dort, wo eine kulturell veränderte Landschaft in einen Park einbezogen wird, sind spannende Dinge zu beobachten. Wie überführen die ungehinderten Prozesse ein solches Areal wieder in Wildnis? Und wie wird diese aussehen? Ansatzweise ist dies schon im Nationalpark Bayerischer Wald zu erkennen. Dort darf sich die Natur auf der Hälfte der Fläche, immerhin 110 Quadratkilometern, ungehindert austoben. Das macht sie auch und wirft kräftig die meisten Fichten raus, die in dem zu warmen Gebiet eine leichte Beute von Borkenkäfern werden. Da Fichten nur bei kühl-feuchter Witterung genügend Harz produzieren können, um die kleinen Eindringlinge noch beim Einbohren zu ertränken, kämpfen sie außerhalb ihres natürlichen Verbreitungsgebietes ständig ums Überleben. Und wie schon erwähnt: Nadelbäume sind, von alpinen Höhenlagen abgesehen, in Mitteleuropa grundsätzlich nicht heimisch. Nur die helfenden Hände der Förster, die von Borkenkäfern befallene Bäume abtransportieren und hier und da auch mit Gift nachhelfen, haben den Siegeszug der Nadelbaumplantagen überhaupt erst möglich gemacht. Lässt man die Natur nun von der Kette, so sorgt sie im Handumdrehen dafür, dass sich die Verhältnisse wieder normalisieren. Normal heißt Laubwald. Im Bayerischen Wald künden ganze Höhenzüge mit abgestorbenen Nadelwäldern vom Rückzug menschlicher Tätigkeit. Unter den abgestorbenen Fichten keimen unzählige Baumarten, die vorher keine Rolle spielen durften. Die Vögel und der Wind trugen die Samen herbei, aus denen wieder ein ursprünglicher Wald wachsen könnte. Bei Teilen der Lokalbevölkerung, vor allem Waldbesitzern, aber auch Touristen weckt das Proteste, weil die Vehemenz dieser Prozesse das Bild von der heilen Welt zerstört. Daher wurde eine Pufferzone ausgewiesen, damit die kleinen Helfer aus dem Insektenreich nicht auch außerhalb des Nationalparks der Natur zu ihrem Recht verhelfen. In dieser Pufferzone werden, wie gehabt, befallene Fichten von der Rinde befreit, denn darin entwickeln sich die Larven der gefürchteten Käfer. Trotz aller Probleme kann dieser Park als gelungenes Beispiel gelten. Das ist leider nicht überall der Fall. Dazu muss man wissen, dass Nationalparks in Deutschland zunächst nur sogenannte Zielnationalparks sind. Erst in 30 Jahren ab der Einrichtung sollen mindestens 75 Prozent der Fläche sich selbst überlassen bleiben. Die restlichen Bereiche sind für touristische Zwecke, aber auch als Puffer für nicht geschützte Nachbarflächen reserviert. Diese Konstellation spiegelt meiner Meinung nach den Idealfall wider: Der Mensch und seine Bedürfnisse werden nicht ausgegrenzt; der Besucher darf und soll sich an dem ungeregelten Treiben erfreuen. Dennoch können sich natürliche Prozesse auf dem größten Teil der Fläche ungezügelt entfalten. Ein Bild der Harmonie, könnte man meinen. Aber da gibt es noch einen Haken, denn es heißt ja: Erst in 30 Jahren ist es so weit. Die Bedeutung dieser Regelung ist in ihrer Tragweite kaum abzuschätzen. Denn diese Zeit wird intensiv genutzt. Und zwar als Förster-Rettungsinsel. Das funktioniert so: Ein großes Gebiet mit hohem Waldanteil, zumeist im Staatsbesitz, soll als Nationalpark ausgewiesen werden. Schon im Vorfeld gehen die Wogen hoch her, da für die Lokalbevölkerung Einschränkungen absehbar sind. Querfeldeinspaziergänge, Brennholznutzung, Jagd, Holzversorgung für Sägewerke, all das soll nun der Vergangenheit angehören? Umgekehrt schlagen zu erwartende Steigerungen im Tourismus und somit gesteigerter Umsatz im Einzelhandel und der Gastronomie zu Buche. Eine winzige Gruppe ist aber besonders stark betroffen – die Förster. Bevor wir uns diese genauer betrachten, sollten wir ihren üblichen beruflichen Werdegang nachvollziehen: Der typische Förster à la Forsthaus Falkenau studiert Forstwirtschaft an einer Fachhochschule, leistet ein Jahr Vorbereitungsdienst als Beamtenanwärter und wird dann, sofern heutzutage überhaupt noch Stellen frei sind, eingestellt. Trotz aller Reformen bedeutet der Alltag immer noch überwiegend Außendienst im Wald. Da werden Holzeinschläge geplant und überwacht, Aufforstungen und Pflegemaßnahmen angeordnet und später am Schreibtisch alles registriert und verbucht. Das Ganze geschieht heute mehr denn je unter strengen finanziellen Vorgaben, die eine schwarze Null für die jährliche Bilanz zum Ziel haben. Davon sind die meisten Forstverwaltungen ungeachtet gegenteiliger Pressemeldungen jedoch weit entfernt. Der Holzeinschlag wird ständig weiter hochgeschraubt, aber trotz steigender Holzpreise reichen die Einnahmen nicht für das Erreichen der von den Landtagen gesteckten Finanzziele. Das Allheilmittel in diesen Fällen lautet Personaleinsparung. Und so werden schon seit etlichen Jahren kaum noch junge Förster eingestellt, unter 40-Jährige findet man selten unter den Forstbeamten. Frei werdende Reviere werden aufgelöst und anderen Dienststellen angegliedert, sodass die von einem Förster zu betreuende Waldfläche ständig wächst. Und auch das reicht noch nicht. So wächst der finanzielle Druck auf die verbleibenden Grünröcke weiter bei gleichzeitig steigender Arbeitsbelastung. Demotivation und Frustration sind die einzigen Antworten, die den beamteten Waldhütern bleiben. Und in diese Situation hinein kommt nun eine geplante Nationalparkausweisung. Das bedeutet für die Förster, dass sie ihr Revier, welches sie in jahrelanger Arbeit bis auf jeden Baum kennengelernt haben, abgeben müssen. Und zwar nicht an einen Kollegen, sondern an die Natur. Das ist fast unerträglich angesichts der Stellen- und Finanzsituation. Förster sind jedoch keine wehrlosen Wesen, ganz im Gegenteil. Durch ihre Verwurzelung in der Bevölkerung, durch Kontakte zur lokalen Wirtschaft und Industrie sind sie durchaus in der Lage, an der Meinungsbildung zum Naturschutz kräftig mitzuwerkeln. Wenn der Staat nun einen neuen Nationalpark ausweisen möchte, wissen die Beteiligten, dass sie an der kleinen, aber lautstarken Gruppe der Förster nicht vorbeikommen. Was liegt also näher, als diese mit ins Boot zu holen? Der Köder ist die Aussicht auf das berufliche Paradies: Nie mehr Finanzprobleme, nie mehr Sorgen um eine Revierauflösung und eine damit verbundene Versetzung an einen anderen Ort.

Wie so etwas funktioniert? Der neue Nationalpark wird in Reviere aufgeteilt und mit den dort schon ansässigen Förstern besetzt. Die Waldarbeiter schulen um auf Ranger, und schon lässt es sich entspannt arbeiten. Denn für den Naturschutz stehen im Gegensatz zur Forstwirtschaft Gelder zur Verfügung, bei denen nicht immer nach Wirtschaftlichkeit gefragt wird. Und wie verkraften die Förster die berufliche Umstellung? Sehr gut, denn sie machen ja nichts anderes als vorher: Bäume fällen lassen, Holz verkaufen, Anpflanzungen planen. Natürlich gehört ihr Revier jetzt zu einem Nationalpark. Aber nun greift die Regelung, dass der Mensch sein Handeln und Gestalten erst nach 30 Jahren auf 75 Prozent der Fläche ruhen lässt. 30 Jahre, dass reicht beim Durchschnittsalter der Forstbeamten locker bis zur Pensionierung. Und damit die Arbeit nicht ausgeht, wird ein Großteil des Parks zum Pflegebereich erklärt. Offizielle Begründung: Zwar solle im Nationalpark Natur Natur bleiben dürfen; da aber große Flächen noch nicht im natürlichen Zustand seien, müsse man diese durch Pflegemaßnahmen erst in eine entsprechende Richtung entwickeln.

In vielen Fällen ist die Entwicklung natürlicher Wälder das Ziel, so in den Nationalparken des Bayerischen Waldes, des Kellerwaldes, dem Hainich und der Eifel. Das kann, wie Sie schon erfahren haben, nur ein Buchenurwald sein. Die vielfach vorhandenen Fichten verschwinden unter Mithilfe des Borkenkäfers von allein, und im Laufe der nächsten Jahrzehnte und Jahrhunderte kann der Laubwald wieder zu majestätischer Erhabenheit heranwachsen. Der Bevölkerung jedoch wird suggeriert, dass dies ohne Unterstützung nicht geht, und die heißt im Zweifelsfall Kahlschlag in den Fichtenforsten und anschließende Aufforstung mit Laubbaumsetzlingen. Großmaschinen, die den Boden verdichten und schwer schädigen, schattenlose Flächen, deren Humusschicht in brennender Sonne abgebaut wird und verschwindet, kleine Bäume, die den Schatten ihrer Eltern schmerzlich vermissen: All dies ist keine Simulation natürlicher Verfahren. Der große Vorteil liegt zum einen in der Beschäftigungsmöglichkeit für das Forstpersonal, der zweite Grund wird schamhaft verschwiegen: Das geerntete Holz ist eine sprudelnde Einnahmequelle, die zur Finanzierung von Ranger und Co fest eingeplant ist. Und ein weiterer Grund verhindert in den meisten Nationalparks grundsätzlich jede natürliche Entwicklung: Herden von Hirschen grasen mit Vorliebe jedes kleine Laubbäumchen ab, sodass außer Gras und den verschmähten Fichten und Kiefern kaum etwas wächst. Die staatlichen Förster, die schon zu Zeiten der normalen Waldbewirtschaftung aus einer Jagdleidenschaft heraus große, nicht gesetzeskonforme Herden von Hirschen und

Wildschweinen hegten und pflegten, betreuen den Sektor Jagd auch im Nationalpark. Und sie denken nicht daran, die Wildbestände wieder auf ein natürliches Niveau abzusenken. Die Folge ist, dass junge Laubbäume nur noch hinter Zäunen und Drahthosen gedeihen. Und das bedeutet wieder jede Menge Arbeit für das Personal.

Es kommt aber noch besser: In den Nationalparks Vorpommersche Boddenlandschaft und Jasmund, beide in Mecklenburg-Vorpommern, kam es 2006 und 2007 zu illegalen Holzeinschlägen in Laubwäldern sowie zu Fütterungen des Wildes mit Küchenabfällen. Damit man die Wildtiere besser schießen konnte, wurden Jagdschneisen in alte Laubwälder geschlagen. Daraufhin wurde dem Land zweimal hintereinander ein Ökosiegel für nachhaltige Bewirtschaftung entzogen. Bei den Anhörungen mit den Erteilern des Zertifikates war nach deren Angaben keine Einsicht in ein Fehlverhalten seitens der Nationalparkförster erkennbar. Die Krönung: Um der externen Überwachung zu entgehen und keine weiteren Negativschlagzeilen in der Touristenregion zu produzieren, beschloss der Landtag von Mecklenburg-Vorpommern im Dezember 2008 die Rückgabe des Zertifikates für die Nationalparks.

Am Westrand Deutschlands gönnt sich eine Nationalparkverwaltung ein besonderes Bonbon: Die Eifel soll wieder Heimat von Wisenten werden. Der Park, eigentlich geschaffen zum Schutz der Buchenwälder, wird so zu einer weiteren Spielwiese der Anhänger der Megaherbivorentheorie. Damit die urtümlichen Rinder nicht alles, vor allem nicht die Besucher, niederwalzen, sollen sie in großen Gehegen gehalten werden. Ein Nationalpark, durchzogen von Zäunen: Wildnis sieht anders aus.

Auch wenn es hier und da positive Ausnahmen geben mag, so ist das Geschilderte leider eher die Regel. Dem natursuchenden Bürger bleibt die Hoffnung, dass nach Ablauf der dreißigjährigen Frist endlich Biologen und andere Fachleute die Forstwirtschaftler ablösen.

Der Bock als Gärtner

Deutschland ist ein Land mit einer sehr hohen Regelungs- dichte: Unzählige Gesetze und Verordnungen schreiben uns vor, wie wir unsere Umwelt zu behandeln haben. Mal abgesehen davon, dass hier und da zu viele Vorschriften existieren, sind die meisten Bestimmungen ganz gut. Und wir wären einen Riesenschritt weiter, wenn der größte Teil davon eingehalten würde. Wie die Praxis aussieht, möchte ich einmal mehr am Beispiel der staatlichen Forstver- waltungen erklären, die immerhin rund ein Drittel der Fläche Deutschlands und sogar knapp die Hälfte der Fläche Österreichs betreuen. Zudem ist der Wald dem Empfinden der Bevölkerung nach der naturähnlichste Lebensraum. Nun gibt es im Wald zwei Pole: Der eine wird von den Waldbesitzern gebildet, der andere von der Forst- verwaltung. Während die Besitzer möglichst ungestört ihre Ziele verfolgen möchten, hat der Staat als Hoheitsorgan die Einhaltung der Spielregeln zu kontrollieren und durch- zusetzen. Da staatliche Forstverwaltungen jedoch einen Großteil der staatlichen, kommunalen und privaten Wäl- der selbst bewirtschaften, kommen beide Funktionen in eine Hand. Das wäre in etwa so, als würden Sie Ihre Steu- ererklärung nicht nur selber ausfüllen, sondern auch den Bescheid selbst erstellen. Das Finanzamt würden Sie nur einschalten, wenn Sie sich Betrug vorzuwerfen hätten. Würden Sie sich anzeigen? Die meisten von uns kämen jedenfalls schwer ins Grübeln und wichen vom Pfad der

Tugend spätestens dann ab, wenn es die Mehrheit täte. Warum soll es Förstern anders ergehen? Nicht eine persönliche Bereicherung steht im Vordergrund (obwohl es das auch gibt), nein, man macht sich das Berufsleben ein wenig einfacher.

Ein Beispiel: Bei den heftigen Stürmen der letzten Jahrzehnte sind immer wieder ganze Wälder umgeworfen worden. Diese müssen entsprechend den gesetzlichen Vorschriften wieder aufgeforstet werden. In den letzten Jahren geschieht dies zunehmend auch mit Laubbäumen. Kaum gepflanzt, geht es den jungen Eichen und Buchen aber schon ans Leder. Rehe und Hirsche wissen die Abwechslung in ihrer Kost zu schätzen und fressen den Neuankömmlingen oft nach wenigen Tagen alle Knospen und Blätter ab. Wo ein Laubwald geplant war, entwickelt sich eine Steppe aus Gräsern und Ginsterbüschen. Der zuständige Förster sieht nun seine Pflanzung wieder verschwinden. Als Kontrollorgan des Staates weiß er, dass derartig hohe Wildbestände illegal sind. Anstatt nun den Jagdpächter und die Untere Jagdbehörde, die die Abschusshöhe festsetzt, entsprechend anzuhalten, mehr zu schießen, verschließt er die Augen, sind derartige Gespräche doch häufig recht unerfreulich. Gewiss, man könnte die Bestandsregulierung mit Gewalt durchsetzen. Aber dann gäbe es eine hübsche Unruhe im eigenen Revier. Nicht nur griesgrämige Pächter, sondern auch ungehaltene Bürgermeister, die hohe Jagdpachteinnahmen schätzen und deren Ausfall fürchten, wären die Folgen. Noch unangenehmer ist es, wenn man als staatlicher Förster Staatswald betreut und die Jagd selbst ausübt. Dann müsste man sich selbst anzeigen.

Die Folge dieser Personalunion von Waldwirtschafter, Jäger und Kontrollbeamten: Der Förster schaut weg, und der ehemalige Wald wird zur Steppe. Bestenfalls wachsen auf den sturmgemachten Kahlschlägen trostlose, für das Wild kaum genießbare Nadelholz-Monokulturen. Und doch möchten alle Forstverwaltungen mehr Laubbäume in ihren Wäldern, in vollem Wissen über den Schlüsselfaktor Jagd. Da man das eigene Personal nicht im Griff hatte, wählte man einen kostspieligen Ausweg: Kilometerlange Zäune, um die zu schützenden Jungbäume gezogen, sperrten Wildtiere und Waldbesucher aus. Das war auf Dauer finanziell nicht verkraftbar, und so musste eine andere Lösung her. Um einen Überblick über die tatsächliche Misere zu bekommen, erstellen die Jagdbehörden seit rund 15 Jahren Gutachten über den Zustand der Wälder. Dabei wird der Wald nach einem festen Schema penibel untersucht, um festzustellen, wie viele Bäume die Rehe abgefressen haben. Die Zahlen der geschädigten Buchen und Eichen lassen direkt auf die Höhe des Wildbestandes schließen. Kommt das Gutachten zu dem Schluss, der Wald sei gefährdet, so werden mehr Rehe zum Abschuss freigegeben. Indirekt wird dadurch dem zuständigen Jäger, vielfach also dem Förster, ein Versagen attestiert. Die Jagdbehörde hat aber keine Außendienstmitarbeiter, um die Erhebungen durchzuführen. Also beauftragt sie eine Verwaltung, die solches Personal beschäftigt – die Forstverwaltung. Ich kenne einen Kollegen, der ein Revier mit besonders hohen Schäden betreute. Die Holzunternehmen beschwerten sich regelmäßig über die schlechte Holzqualität, Folge der massenhaft von Hirschen angenagten, faulenden Stämme. Das Gutachten fertigte er von seinem Schreibtisch aus an, und das ging ruck, zuck. Das attestierte Resultat: Keine Schäden!

Leider ist dies kein Einzelfall. Kein Wunder, dass angesichts solcher Kontrollmechanismen große Teile unserer

Landschaft auf einem ungünstigen ökologischen Niveau verharren. Der Öffentlichkeit wird ein perfekt geschütztes Ökosystem vorgegaukelt, während sich hinter den Kulissen bequeme Beamte das Arbeitsleben erleichtern. Warum bewirtschaften überhaupt Beamte den Wald? Vielleicht sollten öffentliche Wälder in private Strukturen überführt werden. Dann könnten bei Unternehmen angestellte Förster wirtschaften, während die Einhaltung von Gesetzen, wie beispielsweise auch im Straßenverkehr, von Beamten kontrolliert würde. Der Wald wäre in jedem Fall der Gewinner!

Jagd ist Naturschutz

Jagd hat momentan einen schweren gesellschaftlichen Stand. Immer wieder ist in den Medien Hässliches zu erfahren. So schoss laut Spiegel-TV im Jahr 2005 ein Adeliger aus Deutschland bei einem Jagdausflug in Ungarn einen kapitalen Hirsch mit Weltrekord-Geweih: 37 Enden hatte der prächtige Kopfschmuck des Tieres aufzuweisen. Für den Abschuss blätterte der blaublütige Jäger 65 000 Euro auf den Tisch der ungarischen Gastgeber. Später stellte sich heraus, dass der Hirsch auf den Namen Burlei hörte und zu Lebzeiten ganz versessen auf Streicheleinheiten und Schokolade gewesen war. Für 20 000 Euro wechselte das Tier aus einem österreichischen Wildgehege über Zwischenhändler nach Ungarn, wo es dann zum Abschuss angeboten wurde. Für die Organisatoren dieser Jagd ein rentables Geschäft, für den bloßgestellten Jäger im Nachhinein eine Riesenblamage.

Neben der Versessenheit auf immer größere Trophäen schaden auch andere Verhaltensweisen dem Ruf. So hat

der eine oder andere Waldspaziergänger schon unange-
nehme Begegnungen hinter sich, bei der rüde, in Loden
gekleidete Herren das sofortige Anleinen der mitgeführten
Hunde verlangten und androhten, andernfalls werde von
der Schusswaffe Gebrauch gemacht. Aus Reiterkreisen
kenne ich einen Fall, bei dem über die Köpfe der Freizeit-
sportler hinweggefeuert wurde, um diese aus dem Jagdrevier zu vertreiben. Suspekt werden Jäger der Bevölkerung aber auch durch ein elitäres Verhalten. Da gibt es eine
Waidmannssprache, die kaum jemand versteht (so heißt
beispielsweise Blut »Schweiß«), und eine fast uniforme
grüne Kleidung. Diese Kleidung, historisch in den meisten
Fällen nicht begründbar, hat einmal einen bekannten Be-
rufsjäger zu dem Ausspruch verleitet, Jäger seien quasi
Lodensikhs, eine eigene Edelkaste.

Abgesehen von den Belästigungen der Waldbesucher
könnte man über diese Gruppe lächeln, wenn sie nicht so
vehementen Einfluss auf das Leben unserer Wildtiere nehmen würde. Zunächst einmal ist da das gewaltige An-
schwellen der Bestandszahlen von Reh, Hirsch und Wildschwein zu nennen, das der Erzielung möglichst vieler
Trophäen in Form von Geweihen und Eckzähnen für die
heimische Wohnzimmerwand dient. Die verbrämt »Hege«
genannte Bewirtschaftung der Wildbestände wird mit
massiven Fütterungen unterstützt. So gibt es Schätzungen,
die für jedes geschossene Wildschwein 130 Kilogramm Fut-
termais bilanzieren, ausgebracht von den Jagdaufsehern.
Kein Wunder, dass sich die Bestände der drei wichtigsten
Wildarten auf mehr als das Zehnfache des natürlichen
Niveaus hochgeschraubt haben. Die Folgen sind leer ge-
fressene Laubwälder, die nur noch Nadelbäumen ein Überleben ermöglichen. Schon Mitte der fünfziger Jahre hat der
Münchner Waldbauprofessor Nikolaus Köster angemerkt,

dass auf dem Altar des Jagdkultes die Natürlichkeit und die Gesundheit ganzer Waldgebiete geopfert würden.

Es gibt aber noch andere gravierende Auswirkungen dieses Treibens. Da wäre zunächst einmal die Scheuheit aller Wildtiere Mitteleuropas zu erwähnen. Während in der Serengeti Touristen mit Jeeps zwischen Gnus, Zebras und Löwen umherfahren, wundert es niemanden, wenn zu Hause Beobachtungen von Fuchs und Reh zu den Ausnahmefällen gehören. Grundsätzlich haben diese Tiere keine Angst vor dem Menschen. So gehören Truppenübungsplätze mit Panzer- und Gefechtslärm zu den Oasen, in denen seltene Arten ein geschütztes Refugium haben, und so sieht man Herden mit hundert und mehr Hirschen dort mitten im Geschützdonner friedlich grasen. In den meisten Gegenden geht das nicht mehr. Schauen Sie sich bei Ihren nächsten Spaziergängen einmal um, wie viele Hochsitze Sie finden. Aus Sicht der Wildtiere sind das alles Schießtürme, von denen aus jederzeit, zumindest solange es hell ist, auf sie geschossen werden kann. Aus der Not heraus haben die meisten bejagten Arten ihre Aktivitäten in die Nacht verlagert. Schade für die Bevölkerung, der so die Chance auf spannende, aber auch erholsame Wildbeobachtungen verwehrt wird.

Nun könnte man einwenden, dass Jagd die ausgerotteten Raubtiere ersetzt, und genau so wird von Jägerseite her argumentiert. Auch ich als Förster stehe auf dem Standpunkt, dass die durch Fütterung und andere Maßnahmen der Jäger völlig überhöhten Hirsch- und Rehbestände abgesenkt werden sollten. Ziel muss eine Zahl sein, bei der junge Laubbäume wieder eine Chance bekommen. Und solange keine Raubtiere da sind, muss dies der Mensch tun. Wolf, Bär und Luchs, alles Liebhaber eines saftigen Stückes Fleisch vom Hirsch oder Reh, schicken sich jedoch gerade an, in dieses Schlaraffenland zurückzukehren. Da könnten sich dann vielerorts die Jäger zurückziehen und ihren tierischen Kollegen das Feld überlassen. Das wäre jedoch das Letzte, was sie sich aufzwingen ließen.

In dieser Situation wird deutlich, dass es in Wahrheit nicht um die Regulation der Wildtierbestände, sondern um die Ausübung eines moralisch fragwürdigen Hobbys geht. All die hehren Begriffe von Hege und Pflege, von waidmännischem, also fairem Verhalten, zählen nicht mehr. Wäre es so, dann könnten sich alle Waffenträger in Ruhe zurücklehnen und der Natur, sprich den Raubtieren, ihren Lauf lassen. Diese werden jedoch als Konkurrenten um die sorgsam herangepäppelten Heerscharen von Rehen und Hirschen gesehen. Der Kopfschmuck der von Luchs und Co gefressenen Geweihträger wird einfach wieder zu Humus, anstatt auf Trophäenschauen der Jagdverbände Gold- und Silbermedaillen abzuräumen.

Ganz besonders unverständlich sind die jagdlichen Beweggründe einer Teilgruppe der Jägerschaft. Finanziell nicht potent genug, sich ein eigenes Revier zu pachten, sind sie auf die Gnade anderer angewiesen. Für Handlangerdienste, beispielsweise beim Hochsitzbau, erbetteln sie sich das Recht, ein Rehkitz zu schießen. Nur der Schuss ist ihnen erlaubt, Geweihe tragen diese Tierkinder noch nicht, und das Fleisch verbleibt im Besitz des Pächters. Somit besteht die Freude einzig an der Tötung.

Ich möchte noch einmal klarstellen, dass ich nichts gegen die Tötung von Tieren einzuwenden habe, wenn dies aus einem vernünftigen Grund geschieht. Dazu zählt für mich die angesprochene Bestandsregulierung während der Abwesenheit von Raubtieren oder aber auch die Fleischgewinnung. Tiere nur wegen eines Geweihs für die Wohnzimmerwand zu den Ahnen zu befördern, halte ich schon für moralisch fragwürdig. Tödliche Schüsse ohne jegliche Beute für den Schützen provozieren endgültig die Frage, ob es dem Jäger tatsächlich nur um das Tötungserlebnis geht. Denn die Freude an der Natur, an stiller Beobachtung der Wildtiere gibt es ja auch ohne den Finger am Abzug. Vielleicht spielt auch ein gewisses Machtgefühl eine Rolle, die Macht, als einer der wenigen Privilegierten mit Geländewagen und Waffen durch den Wald preschen zu dürfen. Als letztes Argument wird von Jagdkreisen das Stichwort »Tradition« in die Diskussionsrunde geworfen. Gut, der Mensch hat tatsächlich schon immer gejagt. Aber können wir uns das heute, angesichts der dichten Besiedlung und der Bedrohung letzter natürlicher Abläufe, wirklich noch leisten? Wir haben schon ganz andere Traditionen in die Mottenkiste der Geschichte gepackt – warum dann nicht auch die reine Lustjagd?

Auch hier hilft vielleicht ein vergleichender Blick ins Ausland. Die Inuit, Ureinwohner nördlicher Polargebiete, haben schon immer Jagd auf Narwale gemacht. Früher ging es auf selbst gebauten Kajaks hinaus aufs eisige Meer, und mit hölzernen Harpunen wurden die mächtigen Tiere in zähem Kampf erlegt. So aufwendig war die Jagd, dass jedes getroffene Tier geborgen und verwertet werden musste. Heutzutage stehen die Nachfahren dieses Volkes mit Baseballkappe und Zigarette an der Eiskante und schießen mit modernen Jagdwaffen auf die vorbeiziehenden Walgruppen. Viele Tiere werden dabei bloß verwundet, und der größte Teil der tödlich getroffenen Giganten verschwindet in der blauen Tiefe, bevor er geborgen werden kann.

Mit der existenziellen und sparsamen Jagd früherer Jahrhunderte hat die heutige Handlungsweise kaum noch etwas gemein. Nötig ist das alles nicht mehr, schließlich sind die Inuit ebenfalls im Internetzeitalter mit all seinen

Segnungen angekommen. Da sie finanziell großzügig unterstützt werden, ist das Abschießen der Großsäuger für die Polarbewohner allenfalls noch eine Freizeitbeschäftigung. Auch hier heißt das Stichwort »Tradition«, welches als Entschuldigung für dieses Zugeständnis der Regierungen ausreichen mag. Weder die Inuit noch die deutschsprachigen Jäger aber leben in der Steinzeit. Wenn Jagd zum reinen Selbstzweck wird, hat sie in meinen Augen angesichts der aktuellen Artenschutzprobleme keine moralische Basis mehr.

Schauen wir uns noch einmal die Auswirkungen dieses Treibens auf die Wiederbesiedlung unserer Landschaft mit den großen Beutegreifern an. Offiziell befürworten alle Jagdverbände die Rückkehrer, aber dennoch findet sich in den Reihen der Waidmänner immer einer, der auftauchende Raubtiere kurzerhand schießt. Und da man im Wald so hübsch alleine ist, kann der Kadaver still und heimlich vergraben werden. Nur in Ausnahmefällen werden die Überreste der getöteten Wölfe und Luchse gefunden, sodass es eine entsprechend hohe Dunkelziffer gibt. Die drei Fälle jüngeren Datums:

Im August 2007 wird am Rande des brandenburgischen Spreewaldes eine geschossene Wölfin von einem Waldarbeiter gefunden. Naturschutzverbände und der Deutsche Jagdschutzverband erstatten Anzeige gegen unbekannt.

Am 15. Dezember 2007 wird in Niedersachsen auf einer Treibjagd ein Wolfsrüde von zwei Jägern beschossen und erlegt. Beide behaupteten, der Wolf sei bereits verletzt gewesen, und sie hätten ihn nur erlösen wollen. Dass sie dies nicht durften, war ihnen unbekannt. Auch hier erfolgte die Anzeigenerstattung von Naturschutz und Jägerschaft im Schulterschluss. Man hat ja schließlich ein Image aufzubauen.

Der vorerst letzte Fall illegaler Raubtiertötungen ereignete sich im Januar 2008. Verschiedene Tageszeitungen berichteten, dass bei Hollerath in der Eifel ein junger Luchs in einer Schlagfalle gefunden worden sei. Bei einem geschätzten Gesamtbestand von maximal fünf Tieren wäre das ein schwerer Schlag für die Luchspopulation der Region. Kurz zuvor hatte der Landstrich schon durch den Abschuss eines ebenfalls streng geschützten Uhus auf sich aufmerksam gemacht. Auch hier folgte wieder eine öffentliche Verurteilung dieser Tat durch die Jägerschaft. Hinter vorgehaltener Hand wettern aber viele Waidmänner gegen das »Raubzeug« und scheuen sich nicht, weiterhin gegen geschützte Arten vorzugehen.

Die neueste Strategie ist zugleich auch besonders perfide: Die Jäger eines Gebietes sprechen untereinander ab, Jagden nur noch unter besonderen Bedingungen zu pachten. Diese beinhalten, dass bei einer Ansiedlung von Raubtieren fristlos gekündigt werden kann. Die Grundeigentümer werden so etwas möglicherweise unterzeichnen, spielt es doch aktuell ohnehin keine Rolle. In den meisten Gebieten ist die Wiederbesiedlung mit Luchs oder Wolf ja noch nicht abzusehen. Da die Verträge aber oft auf zwölf Jahre geschlossen werden, könnte sich die Situation innerhalb der Vertragslaufzeit ändern. Und dann schicken die Jäger die Bauern ins Rennen: Bevor die Pachtzahlungen aufgrund der Kündigung ausbleiben, wird die Landbevölkerung sicher gegen eine Raubtieransiedlung mobil machen. Und das wirkt auf Politiker allemal eindrucksvoller als eine allzu durchsichtige Beschwerde der Waidmänner.

Noch allerdings wird vielfach direkt gehandelt. Die Raubzeugbekämpfung, so der Fachausdruck der grünen Zunft, war immer schon eine wichtige Tätigkeit im Selbstverständnis der Jäger. Die seltene europäische Wildkatze, mit der Hauskatze nicht verwandt und nicht verschwägert, frisst wie der Stubentiger gerne Mäuse. Mangels größerer Raubtiere, die es zu bekämpfen galt, dichtete man ihr in Jagdkreisen übernatürliche Fähigkeiten an: Auch Rehkitze und sogar ausgewachsene Rehe sollte sie reißen können. Zum Vergleich: Können Sie sich vorstellen, dass eine Hauskatze einen Dackel tötet und verzehrt?

Auch wenn in der Jägerschaft derartige Fehlinformationen nicht mehr verbreitet werden, wirkt das Althergebrachte noch lange nach. In meiner Gegend gibt es etliche alte Recken, die ihren Wohnzimmerschrank mit einer ausgestopften Wildkatze zieren – natürlich alle Opfer von Verkehrsunfällen, wie man süffisant erzählt. Gesetzlich geschützt ist das Tier übrigens seit den dreißiger Jahren. Und obwohl das negative Wirken der Jägerschaft auf den Naturhaushalt bestens bekannt ist, obwohl auch die finanziellen Folgen der Waldzerstörung durch Wildfraß große Löcher in die Länderhaushalte reißen, ist der Deutsche Jagdschutzverband ein staatlich anerkannter Naturschutzverband. Da passt auch das Motto des DJV: Jagd ist Naturschutz.

Rettet Nemo

Analog zu den Jägern gibt es eine zweite Gruppe, die einen Lebensraum für ihre Freizeitgestaltung beansprucht: die Angler. Sie sind ein gemütliches Völkchen, anders ginge es auch gar nicht. Denn Angeln bedeutet zum größten Teil geduldiges Warten. Da wird so manche Bierflasche geleert, die man bequemerweise in der Lehnenhalterung des Klappsessels abstellen kann. Passionierte Angler schließen sich in Vereinen zusammen und pachten ganze Gewässer, etwa Teiche oder auch Flussabschnitte. Dort steht ihnen dann das alleinige Angelrecht zu, und damit lohnen sich auch Investitionen in den Fischbesatz und die Pflege des Gewässers. Von Natur aus wären viele Bäche, Flüsse und Teiche relativ fischarm, die darin vorkommenden Arten zu klein und unattraktiv. Daher werden Speisefische wie Regenbogenforelle, Karpfen und Aale ausgesetzt, damit auch etwas anbeißen kann, was die Pfanne füllt.

Das Übel liegt weniger in dem Aussetzen hier nicht beheimateter Arten, da sich etliche der ausgesetzten Tiere nicht fortpflanzen. Viel nachteiliger wirkt sich die im Verhältnis zur Gewässergröße viel zu große Zahl an Fischen aus. Kaulquappen, Libellenlarven und kleinere Fischarten verschwinden in den Mäulern der hungrigen Zuzügler, die eine Zeit lang schwimmen dürfen, um dann eines Tages am Haken der Teichpächter zu landen. Die Teiche und Flüsschen veröden so allmählich. Die wenigen nichtmenschlichen Profiteure sind fischfressende Vögel. Was dem Kormoran blühen kann, haben Sie schon erfahren. Aber auch der Graureiher, vor Jahrzehnten noch streng geschützt, darf als lästiger Konkurrent um die herangehegten Fische wieder getötet werden. Allein in Bayern wurden nach Angaben der Naturschutzorganisation BUND im Jahr 2006 rund 7400 Kormorane und 4600 Reiher abgeschossen.

Wie bei den Jägern gibt es auch bei Anglern eine moralische Merkwürdigkeit: Stundenlang wird da auf den großen Fang gewartet, zehn Minuten und länger beim Einholen der Angelschnur mit dem anbeißenden Fisch gekämpft, bis er schließlich an Land und damit Beute des Anglers ist. Und dann? Es wird ein Foto geschossen, der Haken aus dem Maul gelöst und der Fisch wieder ins

Wasser gelassen. Zwar ist diese Praxis nicht mehr überall zugelassen, sie wird aber weiterhin fleißig ausgeübt.

Zum Thema Jagd und Angeln sei zum Schluss noch auf einen Sachverhalt hingewiesen: Beides ist in etlichen Nationalparks erlaubt. Und diese Parks sind immerhin die Flächen mit dem höchsten Schutzstatus unter allen Kategorien von Schutzgebieten. Zusammen mit der Forstwirtschaft kann man diesen Gruppen bescheinigen, dass viele Nationalparks in den ersten dreißig Jahren vor allem ihre Interessen schützen. Aber was sind schon wenige Jahrzehnte im Lauf der Natur verglichen mit einem Baumleben von 400 Jahren.

Ausgesperrt

Vielleicht haben Sie sich schon gefragt, warum bisher so wenig von Naturschutzverbänden die Rede war. Schließlich handelt es sich dabei um schlagkräftige Organisationen. In den beiden großen Verbänden NABU und BUND sind allein in Deutschland rund 800 000 Mitglieder organisiert. Und dennoch konnten sie bisher in ihrem Kernbereich, dem Schutz der Natur, relativ wenig bewegen. Das mögen die Mitglieder anders sehen, denn schließlich gibt es viele Schutzgebiete, die von ihnen betreut und gepflegt werden. Schauen wir uns diese Gebiete jedoch näher an, so fällt auf, dass es sich hierbei in der Mehrzahl um Parzellen handelt, die für die Land- und Forstwirtschaft uninteressant sind. Moore, Heiden, Steilhänge, all das will heutzutage niemand ernsthaft kommerziell nutzen.

Erinnern wir uns: Natur kann bei uns in den meisten Fällen nur Urwald bedeuten. Im Fokus der Naturschützer müssten also die Wälder stehen, die immerhin ein Drittel der gesamten Fläche Mitteleuropas ausmachen. Tatsächlich gibt es zaghafte Versuche, hier und da auf die Bewirtschaftung durch die Forstbehörden Einfluss zu nehmen. Doch schon die Forderung seitens der Naturschutzverbände, von Hunderten alten Buchen je Hektar Waldfläche wenigstens fünf bis zehn vor der Motorsäge zu schützen, stößt vielerorts auf Ablehnung. Dabei müsste das Ziel eigentlich viel weiter gesteckt sein und die Einrichtung von großen Waldschutzgebieten vorsehen. Sicher, diese gibt es schon, aber überwiegend auf dem Papier: Nationalpark und Co sind fest in der Hand der Grünröcke. Damit ist sichergestellt, dass die Motorsägen auch in diesen Regionen nicht ausgemustert werden müssen, denn nichts fürchten die staatlichen Verwaltungen so sehr wie einen echten, totalen Schutz der ihnen anvertrauten Forste. Denn dann wären sie ja arbeitslos.

Daher wird kräftig an einem neuen Fachvokabular gearbeitet: »Segregation« nennt sich jetzt die Abtrennung von Schutzgebieten; der Begriff klingt nicht gerade anheimelnd. So weiterzuwirtschaften wie bisher wird neuerdings als »integrativer Schutz« bezeichnet. Die Forstverwaltungen schlüpfen damit in die Rolle von Eltern, die ihren ungeduldigen Naturschutzkindern erklären, sie sollten bitte schön mit dem Quengeln aufhören. Schließlich wisse man selbst am besten, was dem Wald guttue und was nicht. Gerade im Zeichen des Klimawandels sei es unabdinglich, die gesamte Waldfläche zu nutzen, um genügend Biomasse als umweltfreundliches Heizmaterial bereitzustellen. Und ganz nebenbei sorge die Wirtschaftsform der Verwaltungen für Wälder, die dem ursprünglichen Wald mit all seinen Funktionen sehr nahe kämen. Diese Sichtweise vom allwissenden, treu sorgenden Förster wird politisch kräftig gefördert. Leider haben die Umweltverbände noch keinen rechten Hebel gefunden, die Tür in die Wälder aufzustoßen. So hält die Front der Förster gegen die Naturschützer bis heute stand.

Waldsterben

Anfang der achtziger Jahre waren die Wälder ständig in den Schlagzeilen. Neuartige Waldschäden, verursacht durch Abgase von Verkehr, Industrie, Landwirtschaft und Haushalten, ließen das baldige Ende dieses Ökosystems befürchten. Säurehaltiger Regen rieselte auf die Bäume, verätzte Nadeln und Blätter und ließ ganze bewaldete Höhenzüge absterben. Auf Druck der Öffentlichkeit wurden Maßnahmen zur Luftreinhaltung eingeführt wie beispielsweise der Katalysator für Kraftfahrzeuge. Mittlerweile ist es wieder ruhig geworden um das Sterben der Wälder. Sie stehen noch, allen Unkenrufen zum Trotz.

Dennoch schreitet der Säureeintrag aus der Luft weiter fort. Seit einigen Jahren weiß man, dass weniger die Bäume als vielmehr der Boden dauerhaft geschädigt wird. Der saure Regen zersetzt kleinste Strukturen, die für das Speichern von Mineralien unverzichtbar sind. Mit ihrer Auflösung durch das ätzende Nass verschwinden auch die Nährstoffe, sodass die Waldbäume ernsthafte Ernährungsprobleme bekommen. Dermaßen geschädigte Böden regenerieren sich nach heutigem Wissensstand nicht mehr. Es ist also immer noch geboten, an weiteren Schritten zur Verbesserung der Luftqualität zu arbeiten.

Im Zusammenhang mit dem Waldsterben ist eine Gruppe bisher immer als Opfer aufgetreten: die Förster. Lauthals beklagten sie vor laufenden Kameras die Industriegesellschaft, die ihre berufliche Existenzgrundlage zerstöre. Das habe ich, zugegeben, früher auch so gesehen. In den vergangenen Jahren sind mir aber Dinge aufgefallen, die aus den Opfern Täter machen. Dazu muss ich Ihnen kurz die Lebensgemeinschaft eines Buchenwaldes erklären. Buchen sind sehr soziale Lebewesen. Über Wurzelverwachsungen tauschen sie Zuckerlösung untereinander aus und helfen sich so gegenseitig über schwere Zeiten, beispielsweise Krankheiten, hinweg. Die Elternbäume beschützen ihren Nachwuchs durch einen schattigen Blätterschirm, der dafür sorgt, dass die kleinen Zöglinge nicht zu rasch wachsen, denn nur dann bildet sich in ihnen ein dichtes, zähes Holz, das pilzresistent ist und somit eine Grundlage für ein hohes Lebensalter bildet. Mithilfe von Duftstoffen können sich diese Bäume sogar vor Insektenbefall warnen: Wird einer von ihnen durch kleine Plagegeister angebohrt, so sendet er eine Warnsubstanz aus. Innerhalb kurzer Zeit lagern die Buchen im Umkreis von über fünfzig Metern Abwehrstoffe in ihre Rinde ein, um auf die Angreifer vorbereitet zu sein. Sogar ihr lokales Kleinklima bildet so eine Buchengemeinschaft selbst: Das dichte Nebeneinander von groß und klein, alt und jung sorgt dafür, dass trockene Sommerwinde oder bitterer Winterfrost nicht so verheerend wie in der freien Feldflur sind.

Derart in sich ruhende Wälder wurden bisher durch die Luftverschmutzung kaum geschädigt. Die massivsten sichtbaren Schäden traten dagegen in stark bewirtschafteten Wäldern auf. Wo die Sozialgemeinschaft der Buchen durch Fällungen aufgelöst wird, erkranken die verbleibenden Exemplare nach kurzer Zeit. Der plötzliche Verlust der Nachbarbäume und die damit verbundenen Änderungen des Kleinklimas sind für ältere Buchen lebensbedrohlich. Sonnenbrand (ja, das passiert auch Bäumen!) und ein Aststerben in den oberen Kronenbereichen mit massiven Blattverlusten sind die Folgen. Diese Kronenschäden entsprechen denen, für die die Luftverschmutzung verantwortlich gemacht wird.

Zusätzlich treten durch schwere Maschinen, die die Stämme aus den Wäldern schleifen, Bodenverdichtungen auf. Die uralten Waldböden werden zusammengepresst wie ein Schwamm, gehen aber im Gegensatz zu diesem nie wieder in die Ausgangslage zurück. Nach einer so brutalen Behandlung speichern sie künftig deutlich weniger Wasser. Trockene Sommer verursachen von diesem Zeitpunkt an erheblich mehr Schäden unter den letzten Baumriesen. Hinzu kommen die Monokulturen mit Fichten und Kiefern, deren Nadeln so viel Säure enthalten, dass sie ähnlich wie die Luftverschmutzung wirken. Dicke, braune Nadelstreu am Boden dieser dunklen Forste signalisiert, dass selbst Regenwürmer in dem ungesunden Lebensraum nicht siedeln mögen. Wenn Forstverwaltungen derart schlechte Bedingungen für den Wald schaffen, brauchen sie sich eigentlich nicht zu wundern, wenn dieser erkrankt. Verwunderlich ist vielmehr, dass die Mehrzahl der Bäume trotz dieser Behandlung noch nicht aufgegeben hat.

Bastarde

In der Umgangssprache hat das Wort »Bastard« einen ziemlich negativen Beigeschmack. Das heutige Schimpfwort geht auf die frühere Bezeichnung für uneheliche Kinder zurück. Rein wissenschaftlich betrachtet ist ein Bastard jedoch einfach ein Mischling unterschiedlicher Rassen oder Arten. In Bezug auf den Artenschutz gibt es ein besonderes Problem: Manchmal vermischen sich

Haustierrassen mit ihren wilden Urahnen und verwässern so deren ursprüngliche genetische Ausstattung. Diese Bastarde paaren sich in freier Wildbahn wieder mit wildlebenden Artgenossen und so weiter und so fort. Nach etlichen Jahren können ganze Bestände bestimmter Tier- und Pflanzenarten dermaßen mit den Genen gezüchteter Varianten durchmischt sein, dass die Wildform faktisch nicht mehr existiert.

In Spanien findet man die letzten europäischen Bestände der Weiskopfruderente. Der weltweit stark gefährdete Wasservogel ist dort, wie überall in seinen Verbreitungsgebieten, durch Entwässerungsmaßnahmen und eine Intensivierung der Landwirtschaft in die bedrohliche Nähe des Aussterbens gekommen. Schutzmaßnahmen konnten seinen spanischen Bestand in den vergangenen Jahren zwar stabilisieren, aber möglicherweise war dennoch alles umsonst. Denn ein Verwandter, die amerikanische Schwarzkopfruderente, schickt sich an, die weisköpfigen Europäer auszulöschen. Und zwar durch Sex. Schwarzkopfruderenten wurden nach dem Zweiten Weltkrieg nach Europa importiert, um dort in Parks die Besucher zu erfreuen. Schon in den fünfziger Jahren nutzten die flinken Tiere ihre Flügel und flüchteten aus den Freizeitanlagen. Mittlerweile sind sie über Mittel- und Südeuropa verbreitet und dringen damit auch in die Lebensräume der Weiskopfruderenten ein. Dort angekommen verdrängen die aggressiven Schwarzkopferpel ihre etwas rücksichtsvolleren Weiskopfkollegen und schnappen sich deren Damen zwecks Kopulation. Die daraus hervorgehenden Nachkommen sind keiner der beiden Arten mehr zuzurechnen, was sie natürlich nicht davon abhält, sich fleißig weiter zu paaren. Die Weiskopfruderente steht in Europa heute kurz vor dem Aussterben. So brisant wird die Lage eingeschätzt, dass sogar Naturschützer in der relativ weit entfernten Schweiz dazu aufrufen, Schwarzkopfruderenten oder Bastarde aus beiden Arten abzuschießen, um dem spanischen Vorkommen noch eine letzte Chance zu geben.

Ein anderes Problem ist die Vermischung von Haustieren mit deren Wildform. So paarte sich 2003 eine einsame Wölfin in Sachsen mit einem streunenden Haushund. Von den neun aus dieser Beziehung hervorgehenden Welpen überlebten zunächst vier. Man entschloss sich, diese einzufangen, um eine genetische Verfälschung der kleinen Wolfspopulation zu verhindern. Zwei dieser Wolfsmischlinge konnten schließlich gefangen und in ein Gehege im Bayerischen Wald gebracht werden, von den zwei anderen fehlt jede Spur. Die Gefahr der Vermischung ist umso größer, je geringer die Bestandszahlen der Wölfe sind. Bei den wenigen Tieren in Deutschland findet nicht jedes Tier einen Partner und weicht im Notfall auch auf die verweichlichten Haushunde aus. Im Normalfall sind diese den Wölfen kämpferisch nämlich unterlegen – und werden dann gerne verspeist.

Auch unter Bäumen gibt es genetische Probleme zu vermelden. So ist die Wildbirne, Stammform unserer Birnensorten, kurz vor dem Aussterben. Grund sind die vielen Züchtungen unserer Gärten und Obstplantagen, deren Gene über den Pollenflug auch die Wildbäume bestäuben. Aus den entstehenden Samen können keine Wildbäume mehr heranwachsen, sondern nur noch Mischlinge. Bei der Wildbirne etwa ist man momentan nicht sicher, ob es überhaupt noch ein einziges reinrassiges Exemplar gibt. Damit ist die Gefahrenpalette aber noch nicht zu Ende. Gentechnisch veränderte Pflanzen gefährden über die Verbreitung ihrer Pollen mit dem Wind auch ihre wilden Artgenossen. Setzen sich die neuen Gene durch, kann die

Wildform, beispielsweise von Pappeln oder Weiden, erlöschen. Sind die Gene so verändert, dass die Pflanzen Insektizide produzieren, so verschwinden mit den Wildformen auch die auf sie angewiesenen Insekten. Aufgabe künftiger Schutzbemühungen ist also nicht nur die Rettung der Lebensräume einer Art, sondern auch deren Gene.

Gezüchtete Natur

Die Überschrift für dieses Kapitel ist eigentlich schon ein Widerspruch in sich. Zucht ist die gezielte Auswahl und Vermehrung von Lebewesen mit dem Ziel, gewünschte Merkmale zu verstärken, sodass die Gebrauchseigenschaften aus menschlicher Sicht besser werden. Auf diesem Wege sind aus Wildschweinen Hausschweine, aus bitteren Wildäpfeln schmackhafte Tafelsorten und aus unscheinbaren Heckenrosen herrliche Baccaras für den Valentinstag geworden. Zucht ist also der Wegbereiter landwirtschaftlicher Kultur. Damit ist gezüchtete Natur gar nicht möglich, weil ursprüngliche Pflanzen und Tiere in dem Augenblick der züchterischen Auslese nicht mehr zu dem Kreis ihrer wilden Artgenossen zählen. Also wozu dann so eine paradoxe Überschrift wählen?

Nun, es gibt Bereiche, in denen die Trennung nicht so einfach ist. Und an dieser Stelle kommen auch wieder Angler, Jäger und Förster ins Spiel. Allen drei Gruppen ist gemein, dass sie Nutzer der naturnächsten Lebensräume unserer dicht besiedelten Landschaft sind. Flüsse, Seen und große Wälder sind bei aller kulturellen Beeinflussung zumindest noch Rückzugsgebiete für die verbliebenen ursprünglichen Arten Mitteleuropas.

Wenden wir uns erst einmal den Anglern und Jägern zu. Bei der Betrachtung soll hier nicht interessieren, welche Auswirkung das Aussetzen fremder Arten wie Regenbogenforelle oder Damhirsch auf unsere Ökosysteme hat. Spannender ist, wie sich heimische Arten durch die Verfolgung entwickeln. Angler und Jäger sind aus Sicht der Tiere nichts anderes als Raubtiere. Und die ständige Bedrohung durch Fleischfresser ist eine der treibenden Kräfte der Evolution. Nehmen wir uns als Beispiel einmal das Reh heraus. Jahrtausendelang musste es sich vor Luchs und Wolf in Sicherheit bringen. Überleben konnten nur diejenigen, die im Wald eine besondere Fluchttaktik entwickelten. Wichtig waren zwei Dinge: Zum einen musste man als Reh natürlich schnell aus der Reichweite der Verfolger kommen, zum anderen galt es, das eigene Revier zu verteidigen. Denn wenn das eigene Zuhause, ein Waldstück von rund 0,1 Quadratkilometer Größe, zu lange unbeaufsichtigt war, konnte es passieren, dass nach der Rückkehr schon ein anderes Reh eingezogen war. Dieses ließ sich zwar wieder vertreiben, aber nur durch kräftezehrende Aktionen. Um beide Dinge im Auge zu behalten, flüchten Rehe bis heute nach einem besonderen Muster: Zunächst sprinten sie rund 50 Meter durchs Unterholz und warten dann einen kurzen Augenblick. Manchmal war es nur blinder Alarm, und eine weitere Flucht kostet nur unnötige Kräfte. Rückt der Verfolger aber nach, so schlägt das Reh mehrere große Haken, in deren Verlauf es nach einiger Zeit wieder ins eigene Revier zurückgelangt. Der vielfache Richtungswechsel schüttelt Verfolger zuverlässig ab, und das Revier bleibt nicht zu lange ohne Aufsicht.

Abgesehen von Treibjagden, bei denen Hunde die Tiere hetzen, gibt es kaum noch Verfolger von der Kategorie eines Wolfes. Der Hauptfeind des zierlichen Waldgenossen ist heutzutage der Mensch. Allein in Deutschland schießen Jäger etwa eine Million Rehe pro Jahr. Die Strategie der lodengekleideten »Raubtiere« ist aber eine ganz andere als die ihrer tierischen Konkurrenten. Sie hocken stundenlang auf einem »Baum«, auch Hochsitz genannt, und bevorzugen die abendliche Dämmerung. Nicht, dass sich dann besonders gut Wild erlegen lassen würde, doch in aller Regel haben Jäger auch noch berufliche Verpflichtungen. Im Sommerhalbjahr, der Hauptjagdsaison, ist dann nach Feierabend und dem Abendessen noch Zeit für einen Abstecher ins Jagdrevier. Das »Augentier« Mensch sieht im Dunkeln nichts mehr, und deshalb wird in finsterer Nacht auch nicht gejagt. Aus Sicht der Rehe sieht die Raubtierbeschreibung so aus: Riecht streng nach Mensch, jagt nur im Hellen, bevorzugt abends, kann hinter jeder Ecke lauern, sitzt meist auf Bäumen.

Die Bedrohung durch derartige Raubtiere dauert schon seit rund 100 Geburtsjahrgängen der Rehe an – ist es da nicht logisch, dass Rehe sich auf diese Art der Verfolgung einstellen? Welche Rehe werden denn bevorzugt geschossen? Es sind die wenig erfahrenen Jährlinge, die noch unvorsichtig oder vielleicht auch nicht besonders intelligent sind. Diejenigen, die das erste Lebensjahr überstehen, haben gelernt, wie man den Grünröcken ausweicht: Hauptsächlich nachts wandern und fressen sowie bei Gefahr schnell ins Gebüsch springen, um sich damit außer Sichtweite zu bringen (Menschen verfolgen Rehe nur auf Sicht, nicht aber nach deren Geruch).

Nach hundert Jahren sollte man meinen, dass ein derartiges Verhalten wenigstens ansatzweise genetisch verankert ist. Den Beweis, allerdings in umgekehrter Richtung, liefert die Zucht. Ein wesentliches Merkmal, das Haustiere von Wildtieren unterscheidet, ist die Zahmheit.

Haustiere dürfen keine Angst vor dem Menschen haben, sonst kann man nicht mit ihnen arbeiten. Fehlt diese genetische Anlage, sind Zähmungsversuche durch reine Gewöhnung oft zwecklos. So lässt sich beispielsweise die europäische Wildkatze nicht als Schmusetier halten, selbst wenn sie als Junges in menschliche Obhut kommt. Viele Generationen von Züchtern haben dagegen aus der ägyptischen Falbkatze ein Haustier hervorgebracht, das sich in unseren Wohnungen ausgesprochen wohlfühlt.

Jäger züchten gewissermaßen umgekehrt: Überleben können auf Dauer nur die Rehe, welche den speziellen Jagdmethoden des Menschen besonders erfolgreich entgehen können. Für Fische gilt übrigens dasselbe. Es ist unter Anglern bekannt, dass Fische, die einmal am Haken waren, so schnell nicht wieder anbeißen. Und genau diese Exemplare vermehren sich erfolgreicher als ihre ahnungslosen Artgenossen, die auf dem Grill der Hobbyfischer landen. Sind jagdbare Tiere und die Fische unserer Gewässer dann überhaupt noch wild im genetischen Sinne? Eine Frage, der sich die Wissenschaft einmal zuwenden sollte. Keine Frage dagegen ist die Auswirkung der Tätigkeit der dritten Gruppe, der Förster. Ihre Schutzbefohlenen unter den wilden Lebewesen sind schwerpunktmäßig die Bäume. Lassen wir Fichte und andere, nicht heimische Baumarten einmal außer Betracht und konzentrieren uns auf Buchen oder Eichen. Heimische Laubbäume können ja noch am ehesten als ursprünglich gelten, wenngleich die meisten der grünen Riesen leider auch nicht mehr ganz so ursprünglich im genetischen Sinne sind. Täglich findet in den heimischen Forstbetrieben millionenfach eine Auslese statt, und zwar bei der Durchforstung. Die Förster markieren dabei die zu fällenden Bäume. In jungen und mittelalten Beständen bis Alter 60 soll dabei besonders gut veranlagten Exemplaren Platz für das Wachstum verschafft werden. Indem man alle fünf Jahre ein bis zwei Nachbarn des als gut befundenen Baumes fällt, kann dieser kontinuierlich größer und dicker werden und sich später im Alter dann auch über Samen vermehren.

Dummerweise sind die Kriterien für gute Qualität bei Förstern und Natur unterschiedlich festgesetzt. Gute Qualität bedeutet für Förster, dass der Stamm sich später teuer verkaufen lassen muss. Gute Qualität für die Natur bedeutet, dass der Baum sehr alt werden und sich möglichst zahlreich vermehren kann. Am Beispiel einer Holzeigenschaft vermag man die unterschiedlichen Wege gut zu erkennen. Die meisten Bäume weisen einen sogenannten Drehwuchs auf. Die Holzfasern laufen dabei nicht schnurgerade von der Wurzel bis zur Krone, sondern wachsen leicht gedreht. Der ganze Stamm kann dabei im Extremfall an ein ausgewrungenes Handtuch erinnern, welches zu einem Strang zusammengedreht wurde.

Solche Stämme sind bei Förstern unbeliebt, denn die daraus geschnittenen Bretter fallen auseinander oder biegen sich nach dem Trocknen in alle Richtungen. Bei Durchforstungen werden derartige Exemplare deshalb systematisch entfernt. Der Drehwuchs hat jedoch einen tieferen Sinn: Durch diese Anordnung der Holzfasern ist der Stamm deutlich widerstandsfähiger gegen die Gewalt eines Orkanes, er kann die Windböen besser abfedern und bricht nicht so schnell. Förster arbeiten also gegen die Auslesekriterien der Natur. Vermehren können sich demnach in hohem Alter bevorzugt »Schwächlinge«. Auch etliche andere Merkmale sind unerwünscht, sodass eine Reihe von Baumeigenschaften allmählich aus unseren Wäldern verschwindet. Dieser Verlust genetischer Vielfalt ist schon seit den neunziger Jahren wissenschaftlich dokumentiert, ohne dass die Förster daraus irgendwelche Konsequenzen gezogen haben.

Eine weitere genetische Einengung erfolgt durch Anpflanzungen. Baumschulen dürfen das Saatgut für die Setzlinge nur aus staatlich anerkannten Waldbeständern erwerben. Wenige Wälder in Deutschland sind beispielsweise für die Gewinnung von Bucheckern zugelassen. Die Bäume dieser Bereiche zeigen im Höchstmaß die von der Forstwirtschaft geforderten Eigenschaften. Sie sind genetisch vergleichsweise einheitlich. Über millionenfache Pflanzung verbreiten sich die Gene der wenigen staatlich anerkannten Erntebäume in allen anderen Wäldern. Wo ist da der Unterschied zur Pflanzenzucht im Gartenbau?

Die Folgen sind heute noch nicht abzuschätzen, da Derartiges erst seit wenigen Jahrzehnten praktiziert wird. Früher zog jeder Forstbetrieb aus dem Saatgut eigener Wälder die benötigten Setzlinge selbst heran, doch im Laufe der Rationalisierungsmaßnahmen vergangener Dekaden wurde dieser Betriebszweig auf einige Großbaumschulen ausgelagert. Wenn also die ersten dieser nachgepflanzten, genetisch stark eingeengten Wälder selbst Nachkommen erzeugen, ergibt sich zusammen mit dem Durchforstungseffekt ein massiver Rückgang der bisherigen Vielfalt der verschiedenen Buchenwälder. Das wäre so, als wenn die Vielfalt unter den Apfelbäumen zugunsten der einen Sorte Jonagold aufgegeben würde. Etwas einseitig, oder? Und zudem gefährlich, denn je breiter die genetische Vielfalt einer Art, desto höher ist die Chance, Veränderungen zu überleben. Bei vielen unterschiedlich veranlagten Bäumen ist eben immer einer dabei, der Insekten, Trockenheit oder Sturm überlebt und einen neuen Wald zeugt. Diese Flexibilität geht den heimischen Laubbäumen schleichend mehr und mehr verloren, und das angesichts gravierender globaler Veränderungen.

Bioenergie kontra Naturschutz

Schauen Sie sich einmal typische Naturschutzgebiete an. Es sind Steilhänge mit besonderer Trockenvegetation, Moore, Wattenmeer oder nährstoffarme Magerwiesen und Heiden. Kurz, alles Landschaften, die für den wirtschaftenden Menschen bislang von geringem Nutzen waren. Haben Sie sich nicht auch schon einmal gefragt, warum es keine großflächigen Schutzgebiete in den fruchtbaren Flussauen und den großen Ebenen beispielsweise Norddeutschlands gibt? Die Antwort ist ganz einfach: Diese Flächen sind wirtschaftlich zu wertvoll, ein Ankauf oder eine Nutzungsentschädigung zwecks Unterschutzstellung wäre zu teuer.

Natürlich gibt es Ausnahmen: Die großen Waldnationalparks Hainich, Bayerischer Wald, Harz und Eifel enthalten sehr wohl wirtschaftlich wertvolle Flächen. Stimmt, aber erst aus heutiger Sicht. Noch vor wenigen Jahren war Forstwirtschaft in Mitteleuropa meist defizitär, mussten die öffentlichen Haushalte Milliardenbeträge zur Stützung der Forstbetriebe aufwenden. Da fiel es relativ leicht, einen Teil der maroden Betriebe einfach abzuschalten und dem Tourismus zuzuführen.

Mittlerweile sieht die Situation jedoch ganz anders aus. Durch den weltweit steigenden Rohstoffbedarf und die internationalen Anstrengungen, den Kohlendioxidausstoß zu begrenzen, haben Biorohstoffe einen rasanten Preisanstieg erlebt. Holz beispielsweise wird mittlerweile in Form von Pellets angeboten. Dazu wird es klein geraspelt und durch Maschinen gejagt, an deren Ende kleintierstreu-ähnliche Presslinge herauspurzeln. Diese kleinen Röll-chen, sechs Millimeter dick und drei Zentimeter lang, haben es in sich. Sie lassen sich wie Öl in Tankern und Lastzügen transportieren und erlauben eine vollauto-matische Verfeuerung. Selbst für Einfamilienhäuser ist das Heizen mit Holzpellets mittlerweile genauso komfortabel wie mit Öl. Anzünden, Nachschütten, Luftmengenregu-lierung und Verlöschen, all dies erledigt ein moderner, computergesteuerter Brenner.

Mit dieser einfachen Handhabung konkurriert Holz auf einmal mit Heizöl. Entsprechend passen sich die Preise an, und so hat auch das heimische Holz zusammen mit dem Ölpreis einen raschen Wertanstieg erfahren. Wälder kommen so in die Funktion eines Ölvorkommens. Auch Äcker und Wiesen werden für den Anbau von Mais oder Chinagras zunehmend wertvoller; rund 2500 Liter Benzin-äquivalent in Form von Ethanol kann man mit einem Hektar Anbaufläche pro Jahr erzeugen.

Wenn der Anteil von erneuerbaren Energien am Ener-gieverbrauch der EU laut den Vorgaben der Europäischen Kommission bis 2020 auf 20 Prozent steigen soll, kann man sich denken, was auf uns zukommt. Wir können unsere Probleme ins Ausland, beispielsweise nach Indo-nesien verlagern, wo für Europa Palmöl auf dem Boden gerodeter Regenwälder erzeugt wird (das nennt sich bei uns Biodiesel). Oder wir gestalten unsere Landschaft in Richtung Energieplantagen um. Letzteres hat die Folge, dass die zur Verfügung stehende Fläche doppelt wertvoll wird: zum einen über den reinen Wert der erzeugten Biomasse, zum anderen über die politische und mit För-dergeldern massiv angeschobene Produktionsausweitung, damit die Zusagen zur Reduktion von Treibhausgasen eingehalten werden können. Vereinfacht ausgedrückt kann man sagen: Der Preis für Schutzgebiete ist seit kurzem an den Ölpreis gekoppelt. Und bei dessen Höhe und prognostizierten weiteren Verlauf wird eine Nutzungsaufgabe in auszuweisenden Schutzgebieten immer schwieriger durchsetzbar.

Das ist offenbar auch der deutschen Bundesregierung noch nicht ganz klar geworden. Zwar ist erklärte Absicht, bis 2020 fünf Prozent der Wälder unter Schutz zu stellen. Zu diesem Ziel fehlt aber noch eine ganz erhebliche Fläche; die bestehenden Schutzgebiete decken noch nicht einmal die Hälfte der geplanten Größenordnung ab. Bei den derzeit guten Verdienstmöglichkeiten mit dem Rohstoff Holz möchte kein Waldbesitzer seine Parzelle an ein Schutzgebiet verlieren. In einer Meldung des Holzzentralblatts vom 8. Februar 2008 wird die parlamentarische Staatssekretärin Ursula Heinen zitiert, die auf die Frage, wie viele Flächen aus der Bewirtschaftung genommen werden müssten, die Antwort gibt: »Daneben neigen derzeit viele Kleinprivatwaldbesitzer dazu, ihren Wald einer natürlichen Entwicklung zu überlassen.« Doch diese Auskunft ist irreführend, denn diese Waldbesitzer wissen oft gar nicht, wo sich ihre Waldparzellen befinden. Im Rahmen eines jahrhundertelangen Erbfolgeprozesses wurden die Grundstücke immer wieder aufgeteilt und auf die Kinder verteilt, bis oft nur noch winzige, wenige Hundert Quadratmeter große Parzellen übrig blieben. Da Wald, wie gesagt, viele Jahre lang keine Gewinne abwarf, gerieten diese Miniparzellen bei den Besitzern in Vergessenheit. Jetzt aber, da der Holzpreis an den Ölpreis gekoppelt ist und der Wald eine rasante Aufwertung erfährt, will die Holzindustrie den knappen Rohstoff auf den ungenutzten Grundstücken erschließen. Nicht die Kleinwaldbesitzer,

sondern Bundes- und Länderregierungen fördern mit Subventionen aus nationalen und EU-Töpfen die Erschließung
der letzten stillen Wälder. Dazu werden aus Datenbanken
die Besitzer aller Parzellen ermittelt, angeschrieben und
mit einem All-Inclusive-Paket umworben. Alles erledigen
die Behörden: Holzeinschlag, Verkauf, Kontrolle – die ver-
blüfften Eigentümer müssen nur kassieren. Wir dürfen ge-
spannt sein, aus welchem Hut die Flächen für das angekündigte Schutzprogramm gezaubert werden.

Schuldgefühle

Unsere Haltung zur Natur ist inzwischen äußerst zwie-
spältig. Entweder sehen wir schon alles verloren, glauben
nicht mehr an eine lebenswerte Zukunft in Harmonie mit
der Schöpfung, oder wir ignorieren das Wehklagen in den
Medien um sterbende Regenwälder und abgeschossene
Buckelwale, da solche Meldungen unser Wohlbefinden in
einer konsumorientierten Welt stört. Ich habe da jeman-
den, der uns aus diesem Tal herausführen kann. Es ist die
Buche, ausgerechnet die Baumart, die wir bei uns so stark
ins Abseits gestellt haben. Um zu verstehen, worum es
geht, hilft ein Blick auf das Leben und die Strategien dieser
Riesen, wobei wir uns einer vermenschlichten Ausdrucks-
weise bedienen und von Eltern, Kindern und Sprache
reden können, wo von Altbäumen, Sämlingen und Düften
gesprochen werden müsste. Es erleichtert das Verständnis
ungemein, wenn wir in vertrauten Begriffen reden und
denken. Lassen Sie mich also von den Buchen erzählen
wie von guten alten Bekannten. In einem Buchenurwald
gibt es eine starke Sozialgemeinschaft, über die wir schon
in vorherigen Kapiteln einiges erfahren haben. Wurzelver-

wachsungen zwischen verschiedenen Bäumen als zarte Bande der Liebe, über die Zuckerlösung ausgetauscht wird, große Elternbäume, die durch ihren Schattenwurf der Schar der Buchenkinder zu ihren Füßen Schutz vor sengender Sonne bieten und eine Duftsprache, mit der man sich sogar vor Schädlingsbefall warnen kann: Buchen halten bedingungslos zusammen. Im gemeinsamen Lebensraum richtet man es sich behaglich ein. Das Klima in einem solchen Wald ist geprägt von Windstille und wohltuender Feuchtigkeit, die selbst ein trockener Sommer nicht vertreiben kann. Der Boden ist mit Milliarden kleinster Haustiere durchsetzt, die die herabfallenden Herbstblätter, den Hausmüll unserer Buchen, kompostieren und zu köstlichen Speisen recyceln.

So idyllisch ist es aber nur unter den Buchen selbst. Gegen andere Baumarten gehen sie rücksichtslos vor. Ihre besonderen Fähigkeiten machen sie außergewöhnlich durchsetzungsfähig. Selbst in extrem dunklen Waldbeständen fassen ihre Kinder Fuß, und das Wachstum hält im Gegensatz zu den meisten anderen Baumarten lebenslang an. So ist die Buche in der Lage, einen Laubwald nach dem anderen zu unterwandern. Ihre Vorhut schiebt sich zwischen den anderen Bäumen, beispielsweise Eichen, in die Höhe. Im hohen Alter, wenn die Eichen bereits in Rente sind und ihr Höhenwachstum eingestellt haben, wächst die Buche einfach an ihnen vorbei. Die Buchenblätter fangen erbarmungslos auch noch den kleinsten Lichtstrahl ein, sodass die in Bedrängnis geratenen Eichen im Dunkeln stehen und verhungern. Ohne Licht keine Fotosynthese und damit auch nichts mehr zu essen – so einfach geht das. Auf diese Art und Weise hat die Buche in den vergangenen 5000 Jahren einen Wald nach dem anderen erobert; bremsen kann sie nur zu kaltes Klima.

Ziemlich rücksichtslos, nicht wahr? Aber auch der Mensch verhält sich nach ähnlichen Mustern. Auch er richtet sich überall behaglich ein und verdrängt dabei radikal andere Arten. Das geht auch gar nicht anders, denn Menschen sind ebenfalls Bestandteil der Natur und folgen dem Drang ihrer Gene, gegenüber anderen Arten nicht unterzugehen.

Es gibt allerdings einen gewichtigen Unterschied zu den Buchen: Wir haben die Einsichtsfähigkeit, können nachdenken und unser Handeln nach moralischen Gesichtspunkten beurteilen. Das bedeutet natürlich nicht, dass wir jedes getötete Tier, jeden gefällten Baum bedauern müssen und den Rest unserer Tage in Depressionen zu versinken haben. Der Mensch ist nun einmal ein aggressives »Raubtier« und kann als solches nicht aus seiner Haut.

III. ZUKUNFT

Eingeständnis

Bevor wir uns auf den Weg machen, die Möglichkeiten des Naturschutzes für das kommende Jahrhundert neu auszuloten, sollten wir noch einmal die Ausgangslage überprüfen. Würden Sie beruhigt in Ihr Flugzeug nach Mallorca steigen, wenn Sie wüssten, dass der Platz im Cockpit unter den Passagieren ausgelost wird? Ähnlich ist es mit den Verantwortlichen und ehrenamtlichen Helfern in Bezug auf die Natur. Zwar kennt man eine Fülle von Arten, aber selbst grobe Zusammenhänge sind bis heute nicht verstanden. Um beim Vergleich zu bleiben: Sie wissen sicher, dass das Flugzeug mithilfe von Flügeln und Turbinen fliegt, kennen vielleicht sogar das Modell, in dem Sie sitzen, und wissen, dass der Knüppel vor dem Pilotensitz zum Steuern da ist. Wie man aber ein Flugzeug sicher startet und landet, entzieht sich dann doch Ihrer Kenntnis. Die Konsequenz: Sie lehnen den Platz im Cockpit ab.

Im Bereich Naturschutz ist es aber leider so, dass viele Fachleute behaupten, sie wüssten genau, wovon sie sprechen. Schlimmer noch: Sie geben vor zu wissen, was zu tun ist. Dazu ein paar Beispiele: Viele, vielleicht sogar die meisten Arten sind bis heute noch nicht entdeckt. Vielfach handelt es sich zwar nur um unscheinbare Winzlinge wie Bakterien, Pilze oder Algen, aber sowohl für globale Kreisläufe als auch für unser privates Wohlbefinden sind diese Organismen wichtiger als alle Säugetiere, Vögel oder

Fische zusammen. Vor rund 3,5 Milliarden Jahren begannen Bakterien, Sauerstoff in eine Atmosphäre auszuscheiden, die für uns Menschen nicht genießbar gewesen wäre. Im Laufe der Zeit sammelte sich so viel des damals tödlichen Gases an, dass ein Artensterben einsetzte und die verbliebenen Lebewesen auf die Sauerstoffatmung umschwenkten.

Bis heute spielen Mikroorganismen die wesentliche Rolle in biologischen Kreisläufen. Auch in Ihrem Innern sitzen übrigens Milliarden der kleinen Gäste und helfen Ihnen bei der Zersetzung Ihres Mittagessens. Solange viele dieser Arten nicht entdeckt sind, solange man nicht weiß, welchen Einfluss sie auf die Erde und damit unser Leben haben, können wir unmöglich behaupten, die Natur zu kennen. Und wollte man die Natur ohne dieses Wissen rekonstruieren, wäre das so, als würde man die Dresdner Frauenkirche wieder aufbauen wollen, ohne Fotos oder einen der alten Baupläne zu besitzen. Ähnlich ergeht es dem amtlichen Naturschutz mit unserer Landschaft. Nur behauptet dieser, auch ohne die notwendigen Pläne zu wissen, wie man Natur zurückholen kann. Voraussetzung für sinnvolle Vorgehensweisen ist jedoch das Eingeständnis, dass wir längst nicht alles verstanden haben.

Wir sitzen im Glashaus

Nach all diesen Informationen wird es für Sie möglicherweise schwieriger, Naturschutzmaßnahmen in Ihrer Heimat auf deren Sinn hin einzuordnen. Denn die Aussage, dass alle derartigen Projekte eine Bereicherung für die Umwelt sind, hat ja so noch nie gestimmt. Niemandem, der Wochenende für Wochenende hinauszieht, um etwas

zur Rettung der Arten zu unternehmen, mag man böse
Absichten unterstellen, ganz im Gegenteil. Dennoch haben die meisten Aktionen nicht das erreicht, was als Ziel
ausgegeben war: den Erhalt oder die Rückkehr von Natur.

Bevor wir uns in einem weiteren Kapitel damit beschäftigen, wie dies denn nun zu bewerkstelligen ist, möchte ich
Ihnen noch eine ganz einfache Methode verraten, wie Sie
den Sinn oder Unsinn jedes Naturschutzprojektes erkennen können. Jede Maßnahme, egal ob mit Feuer, Axt
und Säge oder dem Aufstellen von Schutzverordnungen
muss nur eine Prüfung vor Ihrem geistigen Auge bestehen: Würden Sie das Gleiche den Regenwäldern Ama-
zoniens, dem tropischen Kongobecken oder der endlosen
Taiga Sibiriens wünschen? Denn eines ist bei diesen letztendlich moralisch motivierten Tätigkeiten unabdinglich:
Die anvisierten Ziele müssen Gültigkeit für jeden Menschen und jeden Flecken unseres Planeten haben. Das
scheinen unsere Politiker so aber noch nicht verinnerlicht
zu haben. Wie anders wäre es zu erklären, dass sie sich den
Schutz der tropischen Regenwälder auf die Fahnen ge-
schrieben haben, während die eigenen Urwälder längst
Vergangenheit sind? Schon vor 200 Jahren fielen die letzten unberührten Wälder den Äxten zum Opfer und
wurden entweder zu Holzkohle oder zu Bauholz verarbeitet. Auch der gewaltige Kohlenstoffvorrat der heimischen
Wildnis, gebunden in Baumstämmen und der Humusschicht der Böden, ist in den vergangenen Jahrhunderten
in die Atmosphäre entwichen. Tierarten starben aus, und
das Bild der Landschaft wurde völlig umgekrempelt. Forst-
plantagen und Äcker prägen heute das Bild unserer Heimat, und selbst die von der deutschen Bundesregierung
angepeilten fünf Prozent Fläche, in denen eine vom Menschen ungestörte Entwicklung möglich sein soll, finden

aktuell keinen Konsens. Vor allem die Waldbesitzer, die ein wenig der von ihnen bewirtschafteten Fläche abgeben sollen, mauern. Da klingen die Ratschläge europäischer Politiker, Brasilien möge doch seine Regenwälder schützen, wie Hohn in den Ohren der Südamerikaner – zumal Tropenhölzer noch immer in gigantischen Mengen in die EU importiert werden, davon der größte Teil aus Raubbau und illegalen Kahlschlägen. Laut der Umweltorganisation WWF führten die Europäer im Jahre 2003 allein aus Asien illegal eingeschlagenes Holz im Wert von 2,6 Milliarden Euro ein. Solange hiesige Politiker, zuständig für ein Urwaldland ohne Urwald, einerseits den Import von Raubbauhölzern nicht unterbinden und gleichzeitig im eigenen Bereich weiter Plantagenforste fördern, so lange wird niemand die durchaus sinnvollen Botschaften ernst nehmen. Wie heißt das schöne Sprichwort? Wer im Glashaus sitzt, soll nicht mit Steinen werfen!

Reanimation

Das Herz des Patienten Natur hat in Mitteleuropa aufgehört zu schlagen. Echte und ursprüngliche Wildheit ist leider überall verloren gegangen. Erst mit der Akzeptanz dieses Satzes kann ein sinnvolles Nachdenken über die Wiederbelebung der ursprünglichen Umwelt beginnen. Und jetzt beginnen die Probleme so richtig. Wie soll das Endprodukt unserer Bemühungen, der heimische Urwald, eigentlich aussehen? Denn Natur verändert sich ja, lässt sich nicht festhalten. Natürliche Zu- und Abwanderung der Arten, weitere Ausbreitung der Buchenwälder Richtung Nordwesten, Klimaschwankungen, all dies hätte auch ohne das Zutun von uns Zweibeinern Änderungen bewirkt.

Haben wir bisher beim Betrachten der echten Natur zurückgeblickt, so müssen wir nun nach vorne schauen. Wo wäre unsere Umwelt ohne unser Wirken heute angekommen?

Dazu müssen wir zunächst den Begriff »heimisch« betrachten: Welche Arten wären heute bei uns zu Hause? Sind Seehunde im Alpenraum heimisch? Oder Gämsen auf Sylt? Natürlich nicht, und hier wird schon eine Schwachstelle der Definition deutlich: Heimisch wird vielfach eine Art genannt, die sich innerhalb der Grenzen eines Staates befindet. Wie unsinnig das ist, zeigt ein weiteres Beispiel. Die Fichte wird als heimischer Waldbaum Deutschlands bezeichnet; nicht zuletzt deshalb ist ihre massenhafte Pflanzung auch unter Förstern relativ kritiklos akzeptiert worden. Dabei ist diese Baumart von Natur aus auf die Hochlagen der Gebirge beschränkt; exakt jene Stellen, die ihrer ursprünglichen Heimat, der nordischen Taiga, entsprechen. Im Bayerischen Wald kommt sie natürlicherweise erst ab Höhen von 1400 Metern vor, darunter ist der eigentliche Herrscher die Buche.

Um heimische Arten und damit Natur zu fördern, muss folglich bekannt sein, was in jedem Teilbereich unserer Umwelt ohne unser Zutun dominieren würde. Dazu zerbrechen sich etliche Forscher bereits die Köpfe und entwickeln Thesen, wie denn die »potenzielle natürliche Vegetation« aussehen würde, also die Vegetation, die sich beim Rückzug sämtlicher menschlicher Tätigkeiten von allein einstellen würde. Solange solche Flächen nicht Realität werden, bleibt es bei diesen Theorien.

Kommen wir auch noch einmal auf einen Begriff zurück, der schon angesprochen wurde: Prozessschutz. Warum sich den Kopf zerbrechen, wie Natur heute bei uns aussehen könnte, warum sämtliche bekannte Einflussfaktoren berücksichtigen und dann doch scheitern, weil es zu viele unbekannte Größen gibt. Soll es die Natur doch selber zeigen! Das ist der einzige Weg, sie zurückzubekommen. Damit sie auch wirklich zurückkommt, müssen die Schutzgebiete jedoch gewisse Mindestgrößen aufweisen. Kleine Waldinseln inmitten der Kultursteppe werden einfach durch zu viele Faktoren beeinflusst. Abgesehen vom Schadstoffeintrag aus landwirtschaftlichen Flächen kann sich auch kein richtiges Waldklima entwickeln, das von Halbschatten und hoher Luftfeuchtigkeit geprägt ist. Denn wenn die Entfernung bis zum nächsten Waldrand jeweils nur wenige Hundert Meter beträgt, so trocknet jedes laue Sommerlüftchen den empfindlichen Waldboden aus. Und der Herbstwind weht die ganze Laubpracht hinaus auf die Felder, sodass kleine Waldparzellen ständig wertvolle Nährstoffe verlieren und das Bodenleben sich ohne die Zufuhr von oben nicht mehr zur vollen Blüte entfalten kann.

Unsere Großschutzgebiete weisen bisher noch nicht die erforderliche Größe auf, um wenigstens im Kern eine ungestörte Entfaltung wilder Arten zu ermöglichen. So sind mitteleuropäische Nationalparks in ihrer Ausdehnung beinahe niedlich zu nennen, denn was sind schon 100 oder 200 Quadratkilometer für Tiere wie den Luchs? Bis zu 100 Quadratkilometer beträgt die Reviergröße eines einzelnen Tieres, und bei weniger als 100 Tieren ist das Überleben eines Bestandes fraglich. Mehrere Tausend Quadratkilometer messen daher auch weltbekannte Großreservate, sei es der Krüger Nationalpark in Südafrika, das Schutzgebiet Laponia in Lappland oder die Everglades in den USA. Fünf Prozent der Landesfläche sollten dafür insgesamt zur Verfügung gestellt werden, eine Größenordnung, die sich die reichen Mitteleuropäer leisten können.

Bei Urlaubsreisen nach Skandinavien reise ich gerne in abgelegene, menschenleere Gebiete. Ob mit dem Kanu oder mit dem Planwagen, inmitten der endlosen Wälder und Seen kann ich mich am besten entspannen. Und wenn ich von Wolf, Bär und Luchs bisher auch nur die Fährten zu Gesicht bekommen habe, verändert allein das Gefühl, sie in der Nähe zu haben, den Blick auf die Landschaft. Ich habe schon von den Schwierigkeiten der Rückkehr der Großraubtiere in das dichter besiedelte Mitteleuropa berichtet. Erstaunlicherweise sind weite Gebiete Deutschlands, Österreichs oder der Schweiz noch immer gut für eine Besiedlung mit diesen eindrucksvollen Tieren geeignet. Obwohl sie von Haus aus eigentlich auf Wälder angewiesen sind, ist auch das bunte Mosaik von Land- und Forstwirtschaft ein geeignetes Biotop.

Viel wichtiger als die Ausstattung des Lebensraumes ist jedoch die Toleranz durch den Menschen. Und hier haben wir Mitteleuropäer noch einiges zu lernen. Dazu brauchen wir uns nur in der Nachbarschaft umzusehen. Das neue EU-Mitglied Rumänien leistet sich den größten Raubtierbestand der Union. Geschätzte 5000 Braunbären sowie 2500 Wölfe und 1500 Luchse streifen noch in den Karpaten umher. Die Erklärung für diese hohen Zahlen liegt in der Vergangenheit begründet. Der rumänische Diktator Ceausescu jagte leidenschaftlich gern Braunbären. Der Bestand dieser großen Raubtiere wurde nach Kräften gefördert, damit der Tyrann möglichst mehrere Bären an einem Tag erlegen konnte. Dass dies teilweise an Futterplätzen geschah, tat seiner Jagdleidenschaft keinen Abbruch. Auch Luchse galten ihm als interessantes Jagdwild, Wölfe hingegen weniger. Diese wurden vielmehr mit Giftködern getötet; als jedoch auch Bären unter den Opfern waren, ließ man von den Tötungen wieder ab. Die Folge waren starke Bestände aller drei großen Beutegreifer.

Nach dem gewaltsamen Tod Ceausescus übernahmen westliche Jäger seine Rolle gegen hohe Gebühren, mit der Folge, dass der Raubtierbestand auch einen wirtschaftlich hohen Wert behielt. Vergleichen wir Rumänien einmal mit Deutschland. Rumänien: 29 Prozent Bewaldung, 239 000 Quadratkilometer Staatsfläche, 94 Einwohner pro Quadratkilometer. Deutschland: 31 Prozent Bewaldung, 357 000 Quadratkilometer Staatsfläche, 230 Einwohner pro Quadratkilometer. Auf den ersten Blick viel Ähnlichkeiten, mit Ausnahme der Bevölkerungsdichten. In den rumänischen Karpaten ist diese noch deutlich geringer als im Landesdurchschnitt, und hier treten die großen Raubtiere auch besonders häufig auf. Andererseits ist die Bevölkerung dieser Landstriche noch existenziell auf die Viehhaltung, speziell auf Schafe angewiesen, die ja zur begehrten Beute von Wolf, Bär und Luchs gehören. Dennoch hat sich eine Art friedliche Koexistenz herausgebildet. Die Rumänen wissen nämlich noch, wie man mit Großraubtieren umgeht. So werden die Schafe von großen Herdenhunden bewacht, die mit den uns vielleicht noch bekannten Hütehunden nichts gemein haben. Während diese die Herde zusammenhalten, wehren Herdenhunde Raubtiere schon allein durch ihre bloße Anwesenheit ab. Es sind große Rassen, die im Bedarfsfall auch zum Angriff übergehen. Zusätzlich werden die Herden abends zurück in den heimatlichen Pferch gebracht, der für die Nacht Sicherheit bietet. Für rumänische Bauern wäre der Verlust eines Schafes viel bedeutsamer als für einen westdeutschen Hobbyhalter. Dennoch werden Raubtiere allgemein toleriert. Ganz im Gegensatz zu Norwegen. Auch hier gibt es in der Grenzregion zu Schweden einige Braunbären. Gewiss, die Bevölkerungsdichte ist mit 12 Einwohnern pro Quadratkilometer wesentlich geringer als in Rumänien. Erschwerend für die Toleranz von Raubtieren ist aber eine etwas merkwürdige Form der Schafhaltung. Die Tiere werden im Frühling in den Wald gejagt und dann im Herbst wieder eingesammelt. Den Sommer über leben sie halb wild und ohne Aufsicht. Einige Bären haben sich auf diese träge Beute spezialisiert. Mit der Pranke wird das Schaf bewusstlos geschlagen, dann frisst Meister Petz nur das Euter, für ihn ein besonderer Leckerbissen. Häufig sind die Schafe nicht tot und suchen dann schwer verletzt das Weite. Zwar gibt es staatliche Entschädigung für die Besitzer, dennoch ist ein solches Verhalten nicht gerade förderlich für eine innige Freundschaft zwischen Mensch und Bär.

Interessanterweise haben auch die Städter in Rumänien ein ziemlich entspanntes Verhältnis zu Bär und Wolf. Beide haben nämlich auch die bebauten Bereiche als Reviere erschlossen. Bären untersuchen regelmäßig Müllcontainer von Mietskasernen, und Wölfe jagen in der Stadt Brasov Ratten und Katzen. Ich will nicht verschweigen, dass dies problematisch ist. Dieser sehr enge Kontakt zum Menschen ist auch für einige Unfälle verantwortlich. Es geht mir nicht darum zu propagieren, Städte seien der geeignete Lebensraum für diese Wildtiere, sondern um den Hinweis, dass es keineswegs intakter Großlandschaften bedarf, um sie wieder anzusiedeln. Der Alpenraum, große Teile Ostdeutschlands, der Schwarzwald, die Vogesen, der Pfälzerwald oder die Eifel wären durchaus für ein Zusammenleben des Menschen mit Raubtieren geeignet. Wichtig ist jedoch, dass unser Verhältnis zu diesen faszinierenden Tieren entkrampft wird. Solange Wolf und Bär in fernen Landkreisen auftreten, können wir uns für deren

Bleiberecht erwärmen, in unmittelbarer Wohnumgebung aber schlagen diese Gefühle dann möglicherweise in Hysterie um, wie Bruno, der bayerische Braunbär, im Fußball-WM-Jahr 2006 leidvoll erfahren musste.

Auch die schon angesprochenen fünf deutschen Wolfsrudel werden nicht nur begrüßt. Nicht, dass sie sich wirklich schlecht benehmen würden. Sie sind scheu und stellen für den Menschen keine Gefahr dar. Allerdings nehmen sie die ihnen dargebotenen Leckerbissen gerne an, so am 10. September 2007 in Sagar/Brandenburg, wo zwei Schafe die Nacht angekettet auf einer Wiese verbrachten und den Wölfen zum Opfer fielen. So rief man in Brandenburg denn auch zum Abschuss der grauen Gesellen auf. Sogar ein Verein der Wolfsgegner wurde gegründet. Dabei gibt es kaum belegte Angriffe der grauen Raubtiere auf Menschen in Europa, ganz im Gegensatz zu den in Deutschland, Österreich und der Schweiz lebenden sechs Millionen »Hauswölfen«, den Hunden. Der wesentliche Unterschied zum reinrassigen Wolf liegt in der durch Züchtung verloren gegangenen Scheu vor dem Menschen. Und das drückt sich auch ganz klar in den Unfallstatistiken von Ländern und Kommunen aus. Für das Jahr 2003 gibt die Statistik der Freien Universität Berlin allein für die Stadt Berlin die Zahl der Hundeattacken mit 1020 an.

Natürlich werden keine lautstarken Initiativen zur Abschaffung aller Hunde ins Leben gerufen. Denn die Drahtzieher der Panikmache gegen Wölfe besitzen in der Regel selber welche: Jäger und Schafhalter. Und wenn es bei Hunden schon keinen vernünftigen Grund für ein Verbot gibt, von Kampfrassen einmal abgesehen, was spricht dann gegen den scheuen Wolf? So gibt es denn auch Hoffnung: Vielerorts ist bereits ein Beraternetz aus Fachleuten installiert worden, welches die Rückkehr der Raubtiere vorbereitet. Dazu gehören Aufklärungsarbeit und die Kenntnis über den Nachweis gerissener Nutztiere. Denn nur wenn zweifelsfrei feststeht, wer hinter der Tötung steht, kann auch Ersatz gezahlt werden. So stellte sich beispielsweise in der Schweiz heraus, dass zeitweise mehr Anträge auf Entschädigung von Luchsrissen gestellt wurden, als die Luchse des Gebietes insgesamt hätten fressen können. Auch die Möglichkeit, einzelne Tiere, die sich auf die Nähe des Menschen und dessen Nutzvieh spezialisiert haben, schießen zu können, erleichtert die Akzeptanz vor Ort. Lassen wir uns also überraschen, welches Wildtierleben auch in unserer dicht besiedelten Heimat möglich ist.

Wanderwege

Warum gibt es in Mitteleuropa eigentlich keine Eisbären? So abwegig, wie sie klingt, ist die Frage eigentlich gar nicht. Denn das Raubtier könnte ja auf dem Landweg bis hierher wandern. Wandern und damit die Erschließung neuer Lebensräume ist bei allen Arten eine wichtige Überlebensstrategie. Die ganze afrikanische Tierwelt, vom Löwen über das Nashorn bis zum Krokodil, war auch schon einmal in Mitteleuropa zu Hause. Klimaveränderungen Richtung Eiszeit bewirkten deren lokales Aussterben oder vielmehr den Rückzug der Arten in wärmere Gefilde. Die Rückkehr zu uns wird diesen Tieren durch das aktuell noch zu kalte hiesige Klima verwehrt. Für den Eisbär ist es wiederum zu warm, er könnte an Nord- und Ostsee nicht erfolgreich nach Robben jagen.

Die ständige Anpassung an veränderte Lebensräume durch Neubesiedelung oder Rückzug ist Grundvoraussetzung für den Arterhalt. Das ist heutzutage aber nicht mehr so einfach. Viele Tiere werden nur noch in Schutzgebieten toleriert, den Großteil der übrigen Fläche reservieren wir für unsere eigene Spezies. Wanderbewegungen und die Erschließung neuer Räume sind für manche Tierart sehr schwierig geworden. Die europäische Wildkatze ist dafür ein schönes Beispiel. Einige Tausend Exemplare streifen noch durch die Wälder der Pfalz, des Hunsrücks und der Eifel. Es ist das letzte ausreichend große und intakte Vorkommen dieser Art in Mitteleuropa. Würde der Bestand unter 400 Tiere absinken, so wäre das Wildkatzenvorkommen nach Ansicht von Wissenschaftlern insgesamt gefährdet, da bei einer geringeren Anzahl die Inzuchtrate deutlich steigen würde. Die genetische Vielfalt sänke dann unter ein kritisches Mindestmaß, mit der Folge, dass Krankheiten leicht den kompletten Bestand dahinraffen könnten, weil alle Tiere gleichermaßen anfällig wären.

Ist es vielleicht schon so weit? Die Zahl der kleinen Mäusejäger liegt zwar noch weit oberhalb dieser Grenze, dennoch könnten die Inzuchteffekte bereits eingesetzt haben. Die Ursache: Durch den Autobahnbau ist eine Zerschneidung des zusammenhängenden Verbreitungsgebietes eingetreten. Wildkatzen sind sehr scheu und meiden die gefährlichen Verkehrsadern. So kommt es zu einer Art Inselbildung kleinerer Teilvorkommen, die sich nur noch innerhalb der durch die Asphaltadern gesetzten Grenzen fortpflanzen. Im Rahmen des Neubaus von Autobahnen versucht man, die Situation durch den Bau von Grünbrücken zu entschärfen. Das sind mit Erde bedeckte und bepflanzte Überführungen, auf denen Wildtiere sicher die andere Straßenseite erreichen können. Meist sind die Brücken 40 Meter breit. Nach Ansicht von Wildbiologen brauchen Wildkatzen jedoch mindestens 400 Meter breite Brücken, schmalere werden nicht angenommen.

An dieser Stelle greifen Naturschützer ein. So ist es bereits zu Auswilderungsaktionen im Bayerischen Wald und im Harz gekommen. Die neueste Aktion ist zugleich die aufwendigste: Die Naturschutzorganisation BUND plant, ein Wegenetz für die Wildkatze mit einer Gesamtlänge von 20 000 Kilometern anzulegen. Bepflanzungen von Grünkorridoren mit Büschen und Bäumen sowie die verträgliche Gestaltung von Straßen und Siedlungen sollen den Tieren lange Wanderungen zwischen den kleinen Verbreitungsinseln erlauben oder sogar eine Erschließung neuer Lebensräume ermöglichen.

Die Wildkatze mag als Beispiel für viele andere Arten stehen, denen es aufgrund unserer Siedlungsstruktur nicht mehr möglich ist, zwischen verschiedenen Arealen zu wechseln. Das ist jedoch bei dem sich momentan wandelnden Klima dringend erforderlich. Wird es bei uns wärmer, so müssen verschiedene Arten die Möglichkeit erhalten, weiter nach Norden auszuweichen, ebenso wie bisher südlicher beheimatete Pflanzen und Tiere zu uns einwandern können sollten. Nur dann kann sich die Flora und Fauna dem Klimawandel stellen.

Besiegelt

Der Verbraucher ist verunsichert. Kahlschläge in Kanada für unser Toilettenpapier, sterbende Regenwälder in Indonesien für Biodiesel aus Palmöl, genetisch manipuliertes Soja aus Brasilien als Grundlage unserer Putenschnitzel: Kann man überhaupt noch etwas kaufen, ohne gleichzeitig Natur zu zerstören? Die Kunden teilten sich bisher in zwei ungleich große Lager. Das größere lebte nach dem Motto: »Was kann ein Einzelner schon verändern«, das kleinere kaufte in Bioläden und prüfte akribisch jede Handlung auf Umweltverträglichkeit. In den vergangenen Jahren verwischten die Grenzen zwischen beiden Lagern zunehmend, und interessanterweise verschob sich alles in Richtung der zweiten Gruppe. Massenhaft aufkommende Ökosiegel für alles und jedes klebten auf so vielen Verbrauchsgütern, dass sämtliche Bereiche des täglichen Lebens abgedeckt waren. Zudem gab es einen massiven Preissturz bei der Ökoware, sodass die Wahl immer häufiger auf »Bio« fiel. Zwar sind die Erteiler der Zertifikate meist gemeinnützige Organisationen, dennoch herrschen auf dem Zertifizierungsmarkt marktwirtschaftliche Gesetzmäßigkeiten. Und das ist nicht ganz ungefährlich für die Glaubwürdigkeit der Ökosiegel. Da ich Förster bin und den Holzmarkt ganz gut übersehe, möchte ich Ihnen die Mechanismen anhand von Zertifikaten für Holzprodukte darlegen. In Toronto, Kanada, wurde 1993 der FSC (Forest Stewardship Council) gegründet, eine Organisation, die gut bewirtschaftete Wälder unter sozialen, wirtschaftlichen und ökologischen Aspekten auszeichnet. Interessanterweise fanden sich Umweltverbände, Gewerkschaften und Unternehmen unter einem Dach zusammen und einigten sich auf einheitliche Standards. Es will schon etwas heißen, wenn so unterschiedliche Partner wie Greenpeace, WWF, Robin Wood, IG Bau, Random House, Hornbach, um nur einige der an der deutschen Arbeitsgruppe Beteiligten zu nennen, gemeinsam an einem Strick ziehen.

Die deutsche Sektion wurde 1997 ins Leben gerufen, und der von mir geleitete Forstbetrieb wurde als einer der ersten in Rheinland-Pfalz zertifiziert. Gründlich wurde der Wald und auch die Bücher zwei Tage lang geprüft und die Einhaltung der geforderten Standards bescheinigt. Mir persönlich waren einige davon allerdings zu weit gefasst.

Eine Befahrung der Waldböden mit schweren Ernte-
maschinen auf Linien, die nur 20 Meter auseinander-
liegen, schien mir in Bezug auf Bodenverdichtungen viel
zu viel. Auch die Maßgabe, fünf Prozent der Waldfläche als
Schutzgebiete erst ab Besitzgrößen von zehn Quadratkilometern vorzuschreiben, fand ich für ein Ökosiegel ein
wenig dünn. Als ich die Prozessbeobachterin vom WWF
darauf ansprach, erklärte sie, dass bei zu strengen Maß-
stäben zu wenig Waldbesitzer ein Zertifikat beantragen
würden. Und genau hier liegt der wunde Punkt des Sys-
tems: Ein Ökosiegel muss einen gewissen Bekanntheits-
grad haben, um vom Käufer wahrgenommen zu werden.
Das wiederum geht nur, wenn entsprechend viele Produkte mit Siegel angeboten werden. Es gilt also die äußerst
schwierige Balance zu halten zwischen hohen Anforderungen und einer breiten Akzeptanz unter den Produzenten. Diese wiederum müssen den Drahtseilakt meis-
tern, die Kosten der Zertifizierung durch höhere Umsätze
qualitätsbewusster Kunden wieder hereinzuholen. Die
breite Akzeptanz von Produzenten und damit auch Kunden hat der FSC mittlerweile erreicht. Allein in Deutschland waren im Jahre 2008 4800 Quadratkilometer Waldfläche zertifiziert. Das entspricht zwar nur vier Prozent der
Waldfläche, reicht aber zusammen mit zertifizierten Holz-
importen aus, um eine Reihe bekannter Unternehmen mit
ins Boot zu holen. Namen wie Otto-Versand, Neckermann,
Quelle, Tchibo, Wal-Mart und OBI führen einen bunten
Reigen von Adressen an, bei denen der Kunde umwelt-
bewusst einkaufen kann.

Für die restlichen 96 Prozent der Forstbetriebe war rasch
klar, dass man ohne eine entsprechende Bescheinigung
massive Nachteile beim Holzhandel erleiden würde. Dennoch war man etliche Jahre lang nicht bereit, sich dem ver-

meintlichen Diktat der Umweltverbände zu unterwerfen. Denn obwohl die Kriterien des FSC letztendlich nichts anderes fordern als das, was die staatlichen und kommunalen Forstverwaltungen in schönen Broschüren als »naturnahe Waldwirtschaft« bezeichnen, war das schon zu viel des Guten. Bisher hatte niemand ernsthaft flächendeckend die Einhaltung gesetzlicher Bestimmungen überprüft und dann auch noch mit Sanktionen belegt. Dass die Auszeichnung der eigenen Produkte einen kundenfreundlichen Marketingvorteil darstellt und sich auch finanziell positiv bemerkbar macht, wurde erst allmählich registriert. Immer mehr Kunden von Forstbetrieben und Holzverarbeitern forderten Holz, welches nachweislich aus umweltschonender Forstwirtschaft stammte. Der Druck auf Waldbesitzer, die eher rücksichtslos wirtschafteten, wuchs von Jahr zu Jahr. Da kam Rettung in letzter Sekunde: Ein weiteres Ökosiegel wurde ins Leben gerufen. Dieselben Waldbesitzer, denen das FSC-Siegel zu hart war, gründeten mit Vertretern der Holzindustrie 1999 das Konkurrenzsiegel PEFC (Programme for the Endorsement of Forest Certification Schemes). Zunächst waren die Anforderungen zur Erlangung dieses Zertifikates vergleichsweise gering. Ein Antrag, in dem man bestätigte, den Anforderungen zu genügen, reichte, und man war ohne Kontrolle des Forstbetriebes zertifiziert. Maßstab war nicht der Einzelne, sondern eine ganze Region. Wurde beispielsweise Hessen für zertifizierungswürdig erklärt, so galt dies für jeden Waldeigentümer, egal ob er nun Kahlschläge und Chemieeinsätze durchführte oder nicht. Antrag stellen, Gebühr bezahlen, Zertifikat erhalten – so einfach ist das bis heute.

Klingt ein wenig nach gekauften Doktortiteln von karibischen Universitäten, finden Sie nicht? Stichprobenartig wurde kontrolliert, ob die Waldbesitzer sich auch an die unterzeichnete Selbstverpflichtung hielten. Befuhren die überprüften Betriebe ihre Waldböden mit schwerem Gerät, so war die schärfste Strafe eine Aufklärung über den Sachverhalt seitens PEFC. Tolerierte Nadelbaumanpflanzungen und ein kaum erschwerter Chemieeinsatz waren weitere Bonbons, die vielen Waldbesitzern die Erlangung des Zertifikates schmackhaft machten. Kein Wunder, brauchten sie doch an ihrer Wirtschaftsweise nichts zu ändern.

Fast alle renommierten Umweltverbände lehnen daher bis heute jede Zusammenarbeit mit PEFC ab. Und, viel wichtiger: Der Verbraucher ist an solchen Ökosiegeln offensichtlich nicht interessiert. Schauen Sie doch mal bei Ihrem nächsten Besuch in einem Baumarkt nach FSC und PEFC-Siegeln. Letzteres werden Sie kaum oder gar nicht finden. Obwohl mittlerweile zwei Drittel der deutschen Waldfläche nach PEFC zertifiziert sind (16-mal so viel wie nach FSC), ist in den Regalen das Verhältnis genau umgekehrt. Und das bringt Bewegung bei den Ökomuffeln unter den Waldbesitzern.

Wegen des ganzen Gerangels um Marktanteile ist ein interessanter Mechanismus in Gang gekommen. Die Unternehmen, die eine besondere ökologische Verantwortung demonstrieren wollen, nehmen in der Regel Produkte, deren Ökosiegel strengeren Anforderungen genügt. Wenn diese Produkte einen gewissen Marktanteil erreicht haben, unterscheidet sich der Preis trotz Zertifizierungskosten nicht mehr von herkömmlichen Waren, da der höhere Aufwand sich ab bestimmten Umsätzen nur noch im Bereich von wenigen Cent bewegt. Wenn es nicht Ihr Portemonnaie berührt – kaufen Sie dann nicht auch lieber Gartenmöbel, für deren Herstellung keine Wälder zerstört wurden? Auf diese Art und Weise wächst der Anteil umweltverträglicher Holzprodukte ständig. Ohne Zertifikat wird es schon in kurzer Zeit kaum noch möglich sein, Geschäfte zu machen. Und da beide Zertifikate, FSC und PEFC, im Wettbewerb stehen, verschieben sich die geforderten Kriterien immer mehr Richtung Umweltschutz. Denn PEFC holt in den Anforderungen rasant auf und entspricht vielfach schon seinem Vorbild. Das wiederum veranlasst den FSC, den Abstand zu wahren und die Standards noch höher zu setzen. Ich finde, das ist ein Mut machendes Beispiel, wie die Kräfte des Marktes, also Ihre und meine Kaufentscheidung, Bewegung in Sachen Waldnaturschutz bringen.

Versöhnung

Die aktuellen demografischen Aussichten kommen den Naturschutzbemühungen sehr entgegen. Denn eine schrumpfende Bevölkerung in Mitteleuropa hat auch einen geringeren Flächenanspruch. Zudem werden Veränderungen prognostiziert, die einige Landstriche besonders schnell entvölkern lassen werden, etwa etliche Gebiete Ostdeutschlands. Warum nicht dort Nationalparks einrichten, wo es am wenigsten wehtut? Zudem könnte die verbleibende Bevölkerung vom Tourismus profitieren, wenn die Ansiedlung anderweitiger Arbeitsplätze nicht mehr realisierbar ist. Ganze Feriengebiete im Alpenraum, dünn besiedelt und mit großartiger Landschaft zeigen, wie so etwas geht.

Aber auch wenn die Schutzgebiete tatsächlich groß genug sein sollten, um intakte, sich selbst regulierende Ökosysteme mit überlebensfähigen Wildtierbeständen zu ermöglichen, wird es ohne ein Eingreifen des Menschen nicht mehr gehen. Das Schutzgebiet selbst kann zwar sich selbst überlassen bleiben, es gibt jedoch Einflüsse von außen, die es abzuwehren gilt. Großschutzgebiete in Afrika zeigen uns, was passiert, wenn sie isoliert betrachtet werden. Im Gegensatz zu unseren Nationalparks darf dort meist nicht gejagt werden, was sich in einer außerordentlich geringen Scheu der Wildtiere vor dem Menschen auszahlt. Der Nachteil: Auch aus nicht geschützten Gebieten wandern Elefanten und andere Pflanzenfresser in großer Zahl in die Reservate ein, sodass die Vegetation unter dem Ansturm der hungrigen Mäuler zusammenbricht.

Auch bei uns wird es, sofern die Jagd in heimischen Schutzgebieten endlich eingestellt wird, zu ähnlichen Effekten kommen. Hier ist die Entwicklung neuer Strategien seitens des amtlichen und privaten Naturschutzes gefragt. Aber auch die restlichen 95 Prozent, ohne scharfe Schutzbestimmungen für gefährdete Arten, brauchen ökologisch nicht zur Wüste zu werden. Dazu müsste man allerdings ehrlicher die Auswirkungen von Land- und Forstwirtschaft diskutieren. Lange Zeit war im deutschsprachigen Raum die »Kielwassertheorie« in Mode, die besagt, dass bei ordnungsgemäßer Forstwirtschaft alle anderen Funktionen des Waldes quasi im Kielwasser, also hintendrein, kostenlos und in bester Qualität mit abgeliefert würden. Gutes Trinkwasser, Artenschutz und eine der Erholung förderliche Landschaft sollten durch Motorsägen, Traktoren und Insektizideinsätze geschaffen werden? Das Schiff mit Namen Forstwirtschaft schleppte im Kielwasser ganz andere Fracht: Überhöhte Wildbestände mit kahl gefressenen Laubwäldern, Monokulturen, in denen bis heute Insekten per Hubschrauber bekämpft werden, durch Großmaschinen platt gefahrene Waldböden, in denen das letzte Bodenleben erstickt. »Titanic« wäre ein besserer Name für diesen Dampfer auf falschem Kurs.

Zumindest verbal und in Gesetzestexten ist der Kurswechsel vollzogen. Hilfreicher wäre eine Analyse der Kosten, die durch solches Wirtschaften entstehen. Überhöhte Hirschpopulationen sorgten etwa nach internen Angaben der Landesforstverwaltung Rheinland-Pfalz in der Vergangenheit für 10 000 Euro Schäden pro Quadratkilometer und Jahr. Ein schönes Beispiel dafür, wie das rein jagdlich motivierte Halten einer Steppenart im Wald den Steuerzahler finanziell belastet. Denn die rheinland-pfälzische wie auch andere Forstverwaltungen können nur mit massiven Finanzspritzen existieren. Ähnliches lässt sich bei den meisten anderen Produktionsprozessen ermitteln. Die Zauberworte lauten hier »externe Kosten«. Legt man bei einem Prozess die Kosten für die Allgemeinheit, die durch Umweltverschmutzung und Flächenverbrauch entstehen, auf den Verursacher um, so bemüht sich dieser automatisch, diese Kosten und damit die Auswirkungen zu vermeiden.

Schauen wir auf den Handel mit CO_2-Zertifikaten. In der Europäischen Union hat der Handel mit Verschmutzungsrechten begonnen. Die Industrie muss ab einem bestimmten Ausstoß von Kohlendioxid das Recht dazukaufen, weiteres Treibhausgas in die Atmosphäre zu blasen. Da dies neuerdings mit Kosten belegt ist, lohnt es sich zunehmend, in Energiesparmaßnahmen zu investieren. Solche Strategien konsequent auf alle Bereiche angewandt können drastischere Verbesserungen für die Umwelt bewirken als alle bisherigen Schutzbemühungen. Sind es doch unsere eigenen Lebensräume, und auch wir wollen schließlich »artgerecht« leben! Konsequentes ökonomisches Handeln, das auf lange Sicht tatsächlich alle Kosten berücksichtigt, ist auch ökologisch immer die günstigste Variante. Bestimmungen, die uns vor Pestiziden, Grundwasserverschmutzung, Bodenerosion und schlussendlich deprimierenden Landschaftsbildern bewahren, kommen all den Arten zugute, die als Kulturfolger im Zentrum bisheriger Naturschutzbemühungen standen. Wenn zusätzlich große Naturschutzgebiete für Urwaldarten geschaffen werden, die gleichzeitig Erholung für unsere Seelen bieten, sollten Naturfreunde optimistisch ins angelaufene 21. Jahrhundert blicken können.

1. Auflage
© 2009 wjs verlag, Wolf Jobst Siedler jr. · Berlin
Alle Rechte vorbehalten,
auch das der fotomechanischen Wiedergabe

Schutzumschlag: Dorén + Köster, Berlin
Satz: Dorén + Köster, Berlin
Druck und Bindung: fgb · freiburger graphische betriebe, Freiburg
Printed in Germany

ISBN: 9-783-937989-50-1

www.wjs-verlag.de